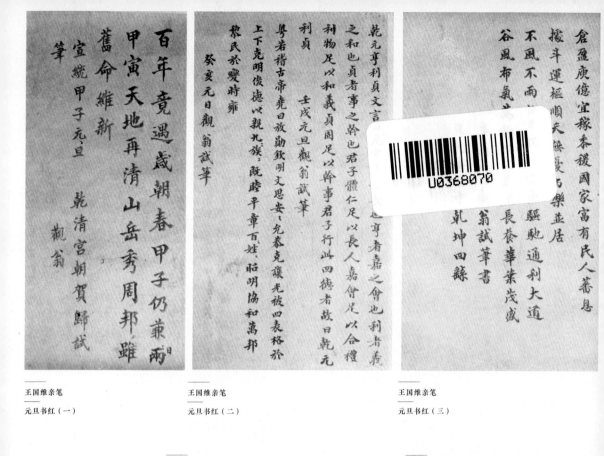

王国维亲笔
元旦书红（一）

王国维亲笔
元旦书红（二）

王国维亲笔
元旦书红（三）

王国维亲笔
元旦书红（四）

王国维遗嘱

先父王国维

先母潘夫人

三哥王贞明家中——由左至右：王东明、
王贞明、王庆麟（诗人痖弦）

宴请台湾"中央研究院"学者
——1958年，王贞明拍摄。左：胡适，
中：杨步伟女士，右：赵元任

左：张群，中：王贞明（三哥），
右（背对者）：杨步伟女士

南澳安养院——由左至右：张霭云（王贞
明妻子）、王贞明（三哥）、台北"故宫
博物院"前院长蒋复璁、天主教弘道基金
会员工

宴请台湾"中央研究院"学者—— 1958 年，王贞明拍摄。左四（举杯者）：胡适，左五：杨步伟女士，右五：赵元任，右四：梅贻琦

松江女中
时期——
摄于 1933
年

松江女中校友
会——第二排
右五：张学珠
校长，右四：
王国华（王东
明叔叔），
左四：张学瑈，
左二：钮庭方；
第三排左五：
王东明

松江女中校庆
合照

松江女中
学 生 照
——摄于
1936 年 5
月 8 日

在西安的
日子——
摄于 1945
年 至 1948
年间，抗
战胜利后
才开始烫
头发

在西安的日子
——摄于 1942
年 至 1948 年
间，左四：王
东明

在西安的
日子——
摄于 1946
年至 1947
年间

香江重聚——
摄 于 1987 年
9 月，由左至
右：王东明、
王 慈 明（五
弟）、王登明
（六弟）

北京颐和园鱼藻轩，王国维投湖之地
——摄于1990年

重障非日中夜半不见日月绝壁或千许丈其
石彩色形容多所像类林木高茂略尽冬春
猿鸣至清山谷传响泠泠不绝所谓三峡此其一
也袁山松言常闻峡中水疾书记及口传悉以
临惧相戒曾无称有山水之美也及余来践斋
此意既至欣然始信耳闻之不如亲见矣其叠崿
秀峰奇构异形固难以辞叙林木萧森离离蔚蔚
乃在霞气之表仰瞩俯映弥习弥佳流连信宿
不觉忘返目所履历未尝有也既自欣得此奇观
山水有灵亦当惊知己于千古矣
昔人善状山水原乐之诗郦亭之文可称两
绝奇出于南北朝之顷前此无有业
真庵容赤县二十余年迄编南北未谂曾
入闽中秀岩杂为书郦氏江水注一则亦可当
孙进迤乙丑正月海甯王国维

访北京清华
大学——摄
于1990年，
前左一：孙
敦恒教授

北京清华大学校园内的"海宁王静安先
生纪念碑"——摄于1990年。1929年，
清华大学国学院停办，该院师生募款修
造纪念碑。碑后有陈寅恪教授所撰纪念
碑铭

北京西山福田公墓——摄于1990年。清华大
学复校后，父亲原墓地划入清华校园，父亲
坟墓迁葬于福田公墓

王国维故居——摄于1990年

王国维手稿——现为王纪明
（四哥）长子王庆颐收藏

访北京清华大学时所住的招待所——摄于1990年。由左至右：孙敦恒、北京大学教授刘烜、王东明、王登明（六弟）

访北京清华大学——摄于1990年。由左至右：王慈明（五弟）、王东明、清华大学张孝文校长、王登明（六弟）

北京清华大学校园工字厅后方的荷花池——摄于1990年

参观王国维故居——摄于1990年。照片中人是王登明（六弟）

浙江海宁钱塘江边镇海塔

参观王国维故居——摄于1990年。位于盐官镇西门内周家兜，国学大师王国维少年时代的住宅

游长城——摄于1990年

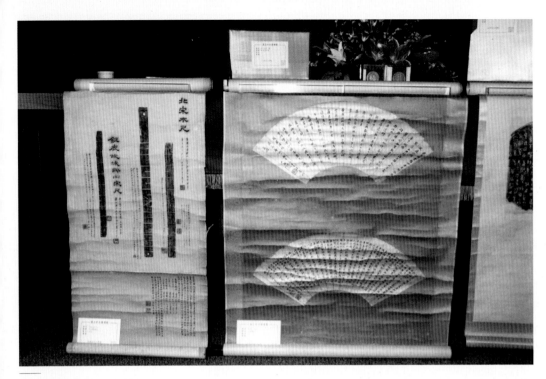

捐赠王国维遗物给台湾"中央图书馆"

捐赠王国维遗物给台湾"中央图书馆"

捐赠王国维遗物给
"中央图书馆"——
左：王贞明（三哥）

台湾文化界举办纪
念王国维逝世六十
周年学术座谈会

第二次游大陆——游汉
口，由右至左：陈镇东（陈
秉炎第一次婚姻长子）、
王东明、堂弟媳（杨宣
家）、媳（刘珍玲）

第二次游大陆——游四川

第二次游大陆——游新疆
乌鲁木齐清真寺

北京举办纪念王国
维诞辰一二〇周年
暨学术研讨会——
由左二至右：王令
之（王登明长女）、
梅美珍（王登明妻
子）、王东明

北京举办纪念王国
维诞辰一二〇周年
暨学术研讨会留影

第二次游大陆——四川大佛（摄于1991至1992年间），由上至
下：王慈明（五弟）、王东明、顾华（王慈明妻子）

第二次游大陆——
天山天池

日本永观堂禅林寺
大门，照片中人为
王登明（六弟）

第二次访美国——
长木花园，由左至
右：梅美珍（王登
明妻子）、王登明
（六弟）、王东明

百岁寿宴——2011年拍摄，后排由左至右（站立者）：孙女婿、孙女、陈镇宇（王东明长子）、
陈镇乾（王东明次子）、外甥媳，前排右一：外甥女

2010年《中国时报》拍摄—— 2009年乳腺癌开刀后，各大报、周刊及媒体进行专题报道

老来的生活伙伴——右一：林兼有先生，相处十八年，管理家务、驾车及对外一切事务；左一：李玉兰，管理饮食，相处十五年；右二：Citi，印尼籍外佣，二十四小时照顾，勤劳精干，相处六年。以上三人，在我独居生活中，有重要贡献

百岁寿宴—— 2011年拍摄，前排右一：李秋月（本书文字采访整理者）

八十三高龄学京剧——照片中坐者由右至左：琴师宋士庄、乐师赵蕙兰

八十三高龄学京剧——参加老人会票房

我和我的父亲王国维

王东明 著

李秋月 整理

化学工业出版社

·北京·

原繁体版书名：《百年追憶：王國維之女王東明回憶錄》，作者：王東明

ISBN：978-957-05-2780-3

本书中文简体字版权通过北京时代墨客文化传媒有限公司代理，由台湾商务印书馆股份有限公司授予悦读名品文化传媒（北京）有限公司独家出版发行。

北京市版权局著作权合同登记号：01-2020-2685

图书在版编目（CIP）数据

我和我的父亲王国维 / 王东明著；李秋月整理 . —
北京：化学工业出版社，2020.8

ISBN 978-7-122-37171-3

Ⅰ . ①我… Ⅱ . ①王… ②李… Ⅲ . ①王国维
（1877-1927）—家族—史料 Ⅳ . ① K820.9

中国版本图书馆 CIP 数据核字（2020）第 101816 号

责任编辑：郑叶琳　张焕强　　　　　　　　装帧设计：水玉银文化
责任校对：王　静

出版发行：化学工业出版社（北京市东城区青年湖南街 13 号　邮政编码 100011）
印　　装：三河市双峰印刷装订有限公司
710mm×1000mm　1/16　印张 10¾　彩插 4　字数 136 千字　2020 年 10 月北京第 1 版第 1 次印刷

购书咨询：010-64518888　　　　　　　　　售后服务：010-64518899
网　　址：http://www.cip.com.cn

凡购买本书，如有缺损质量问题，本社销售中心负责调换。

定　　价：49.00 元　　　　　　　　　　　　　版权所有　违者必究

序一

王国维先生是一位传奇人物，不幸在八十五年前以英年早逝，而他的长女王东明女士，正以百岁人瑞，撰写传奇，而这本《百年追忆》①正是两个传奇的交会。

去年庆祝清华大学一百周年，历数奠定建校璀璨百年之基的清华人，国学院四大导师自是首选之一；今年有机缘自大陆邀请清华名师后裔参加校庆，适见《中国时报》报道高龄逾百的王东明女士在台北每周仍票戏的新闻；经与王女士联络，得以面邀参加校庆活动，而当王女士于校庆日应邀出现于庆祝大会、午宴，并参与下午座谈时，以健朗之姿，稳健台风，亲切温馨声调，侃侃而谈，立即风靡全场，成为活动焦点，并赢得许多粉丝。

在与王女士的晤谈中，得知其正在写回忆录，当即表达希由台湾"清华大学"出版的愿望，王女士也很爽快地应允，后来台湾商务印书馆也来邀约；基于王国维先生在身前身后与两个单位的深厚渊源以及王女士的首肯，决定共同出版《百年追忆》是两全其美的办法。

王国维先生于1925年受任清华国学院导师；清华在此前以留美预备学校著称，王先生与梁启超先生等受聘于清华国学院，震动学术界，开启清华迅速成为国内学术重镇之先河；近一年来，我在"清华"活动中曾屡次引用他的人生三境界说以及对诗人的看

① 此为在台湾地区出版的繁体版的书名。——编者

法："诗人对宇宙人生，须入乎其内，又须出乎其外。入乎其内，故能写之。出乎其外，故能观之。入乎其内，故有生气。出乎其外，故有高致。"同时日本京都大学松本纮校长在"清华"演说中也提到王先生对文化交流的见解，都可看到王先生对清华与国内外文史思想界的影响，仍方兴未艾；王先生身后，知友陈寅恪先生撰文的《清华大学王观堂先生纪念碑铭》有云："惟此独立之精神，自由之思想，历千万祀，与天壤而同久，共三光而永光。"诚如王女士所言，王先生学术是我中华民族的文化瑰宝，也是全球的文物遗产，我们有责任维护它！宣扬它！

　　本书分两部分，上编"记忆中的父亲"记述王先生之家世背景、为学历程、生平轶事、家庭与休闲生活、清华园故事、亲子互动以及投湖经过等，引人入胜，并能使读者对王先生行谊有进一步了解。下编"王东明的百岁自述"，包括一生回顾与生活杂记，可看出王女士平凡中之不平凡。她在父亲身后，不足十四岁时无意中看到母亲遗书，能冷静地设法说服母亲打消死志。抗日战争爆发，先逃难至浙西一带，后随叔父在上海英租界集资为流亡失学青年办建"浙光中学"。太平洋战争爆发，日本入侵上海英租界，"浙光中学"被迫解散，再辗转到达后方。1948 年，由上海至台湾高雄任教师。1950 年秋与陈秉炎先生结婚并在私立泰北中学任教。1953 年春起，负责台北县永和镇消费合作社"中央"公教人员实物配给，工作了二十多年，一直到 1982 年，年届七十岁，随消费合作社停办而离职。退休后在家养老，除了整理父亲的遗物外，有时到各地旅游探亲访友。1994 年开始迷上京剧，坚持学唱了十多年，增进身心健康，延年益寿，顺利达成"唱到九十九"的愿望，可看出她刚毅进取、开朗豁达的个性，行文亦庄亦谐，充满人生智慧，可读性甚高。

　　清华校友胡适之先生在晚年常阐述："交友以自大其身。"王女士结识爱京剧又爱阅读、写作的"忘年交"李秋月女士，李女士愿意悉心采访整理王女士的记述，促成这本精彩的《百年追忆》早日问世，亦为王氏传奇再添佳话。最后也感谢台湾商务印书馆共襄盛举！

台湾"清华大学"校长　**陈力俊**　谨识

2012 年 10 月于台湾"清华园"

序二

新竹"清华大学"于 2012 年 4 月 29 日举行创校 101 周年、在台建校 56 周年校庆，邀请当年清华大学名师后裔参加，清华国学院导师王国维先生的女儿百岁人瑞王东明女士应邀参加，与王国维先生的曾孙王亮先生、梁启超先生的外孙女吴荔明女士等，一起述说记忆中的先人事迹，蔚为盛事。可惜陈寅恪先生的女儿陈流求女士、朱自清先生的儿子朱思俞先生、赵元任先生的女儿赵如兰女士，都未能与会，诚为憾事。

王国维先生去世已经八十多年，不论环境如何变化，他一直都活在我们的心中，他仍然是一位饱学忧患之士。随着岁月的推移，随着他的著作的流传，让我们更加思念。

王国维先生的女儿王东明女士说，每逢佳节倍思亲。她年已一百，有关父亲的种种，世人谈论甚多，她是唯一尚存的儿女，应该将父亲的事迹写下来，留供世人参考。因此，她根据各种资料、过去撰写的文章和不断的回忆，予以口述，再由好友李秋月女士整理执笔，留下记录。

编写自述的消息透过新闻报道之后，新竹"清华大学"的陈力俊校长力邀王东明女士将书稿交给"清华大学"出版。因为王国维先生当年在清华国学院任教，王东明女士也居住在清华园两三年，对清华有很深的感情，因此，她义不容辞要交给"清华大学"出版。后来台湾商务印书馆知道这个消息后也来邀稿，当年《海宁王静安先生遗书》十四册是由上海商务印书馆出版的，台湾商务印书馆也曾予以再版，因此，王东明女士对台湾商务印书馆也有好感。后来，台湾"清华大学"决定和台湾商务印书馆合作，终于促成了这本书的出版。

本书最初是由王东明女士口述、李秋月女士协助整理成书。但应王女士的要求，我也为这本书增写了许多资料、年谱，并予以重新修订，始克成书。谨志出版经过，以供各界参考。

方鹏程　序于台湾商务印书馆

2012 年 8 月 1 日

悠忽百年：王国维先生与我

王国维先生是我的父亲。1913 年的冬天，我在日本西京（京都）出生。虽然前后两位母亲莫氏与潘氏，已育有四个男孩，也育有过四个女孩，但四位女儿都夭折了。我算是长女，因此，我最得父亲的宠爱。他说我是米里捡出来的一粒谷，很是难得。

父亲为我取名字，也是煞费苦心，以前女孩儿都取女性化的名字，但是我家的女孩，不好养育，因此把我也排在男生的"明"字辈，取名"东明"。父亲工作之暇，常爱抱着我哼哼唱唱，随口就叫我"小姑娘"，全家跟着叫，"小姑娘"就成了我的小名。

七岁时，母亲要生六弟登明，就把我送到外婆家寄养。外婆家祖居海宁城内，房子很大，我一去就不想回上海的家了。

外公是前清的秀才，那时他在住家的大厅设私塾。学生都是邻居家的孩子，我是唯一的女生。那些男生都很野，虽然入学时外公给大家介绍我叫"王东明"，可是他们听到家人叫我"小姑娘"，也跟着叫，有时还拍着手，扯着嗓子唱。我实在生气了，就向"外公老师"告状。我本想外公一定会重重地打他们的手心，谁知道他把戒尺在空中扬了一下，训了几句就算了。表弟表妹们比我小了不少，也跟着叫我的小名，我会狠狠地对他们说："我是你们的表姊，叫我表姊！"

小名困扰了我的童年，一直到十三岁，母亲把我从老家接回北京时，家中帮佣都改口叫我大小姐，只有父亲母亲仍叫我的小名。父亲于 1927 年逝世后，次年夏天，母亲携带全家返乡，住到外婆家。

十六岁，我上小学五年级，"王东明"才正式成为我的学名。自幼到老，人们对我的称呼，实在很多。我最喜欢的，是初入南京中央大学时，英语老师郭秉龢教授向同学介绍我，说我是国学大师王国维先生的长女公子。因为开学时，郭教授出了一个作文题，好像是有关家庭的。我虽然没有写父亲的名字，但在内容上他看出了我的身世。父亲的光环，初次在大众面前照亮了我。

抗战开始，全家都住入上海租界避难，叔父王国华先生在浙江教育界颇有地位，很多省立中学的老师，都是他的学生。当时困居孤岛，家长（老师）失业，子弟失学，因此由叔父号召成立私立浙光中学。我也跟着在学校服务，校舍简陋，设备谈不上，但教师却都是浙江有名的菁英名师。

江浙地区叫教书的人为"先生"，男女无区别，我虽不执教鞭，在校的人也叫我王先生。

珍珠港事件发生不久，上海租界被日人占领，四哥纪明服务的海关，也遭日人接收。苟安已不可得，家人纷纷潜往后方。我和四哥、嫂子、侄儿，历经艰辛到达自由地区，在西安定居下来。四哥向西安海关报到，我则由友人介绍到中国银行与雍兴公司合办的子弟学校雍村小学教书。

抗战胜利，四哥随复员的队伍回到上海，待命接收沦陷区的海关。不久，他与西安税务司张申福等携眷来到台湾，接收高雄海关，接着母亲和松明妹也相继来台。

我留西安一年，学校同事都人心惶惶，我决定先到南京二哥高明家暂住，正好接到松明妹来信，得知高雄海关要塞及港务局要合办子弟学校，缺少人手，我就决定来台了。

两年后，由好友符琴、钮庭方伉俪介绍，认识了江苏盐城的陈秉炎先生。经过短暂的交往，母亲和叔父兄嫂等都认为适合，就在1950年"双十节"结婚了。

秉炎是学财经的，又有会计师身份，对官场不太热衷。于是借机辞去公职，挂牌开业，我就成了他的助理。

台北市与中和乡仅一水之隔；当时中和乡是台北市的疏散区，大陆来台的人，纷纷到中和定居。秉炎由旧友相邀，也迁来中和，和那些住在附近的人们守望相助，倒也能安居乐业。外来人口不断增多，一个乡公所办理不了那么多业务，只有划分行政区，才能应付乡民的需要。我们住的地方被划为永和镇，靠南面的仍称中和乡。

行政区域划定后，我们永和镇的新镇民发起筹组永和镇消费合作社，秉炎当选理事主席，设立门市部和碾米厂。草创伊始，实非易事。

那时正逢八七水灾①，市面上食米缺货。粮食局一度委托合作社办理户口食米配售业务，时间虽短，却也符合当时的需要。

稍早，"行政院""中央"公教人员实物配给委员会已委托我们代办配送业务。对外配送业务由理事主席应对，内部业务一切由我担任经理，负责总管。

千里他乡遇故知是一件愉快的事。有一次，在台北衡阳街上遇到一位老太太，她忽然走过来对我说："你不是小姑娘吗？"我定睛一看，原来是二三十年未见面的表姨妈。彼此尚能认识，真是奇事。多少年没有人叫的小名，居然在台北的街上听到，亲切温馨的感觉，差一点流下泪来。

退休后，我迷上了京戏，本来只是爱听而已，现在居然有开口唱的机会，我不能放过。可是八十三岁的高龄，还能唱吗？总得尝试一下，于是我加入了台北老人福利协进会的国剧社。

说起学戏，我只学唱腔，就像唱歌一样。正好老人会国剧社的琴师贺肇黔先生能抽空为我说戏，我向贺老师说明学习的目标：只要我喜欢的，一两句也要学，至于其他演唱的基本功夫都不必教了。

开始学的是梅派的《凤还巢》，腔调板眼都练得差不多了，一上胡琴，腔调走了，板眼乱了，真是事非经过不知难。慢慢地学了几段青衣，在票房唱的时候，总觉得声音低沉，比其他票友要低两三个音。虽不好听，但唱得还算规矩。

到现在，高音唱不上去，青衣很难唱，贺老师教了我几段老旦戏，如《钓金龟》《打龙袍》《徐母骂曹》等，最后索性连老生小生，也学了几段。

在票房混了十七八年，可说是一事无成。但对我老年生活，助益很多，扩大了我的生活空间，也交了不少朋友，每天都过得很充实。

垂暮之年，认识了这位喜爱京戏又爱阅读、写作的忘年之交——李秋月女士。她愿执笔为我记述平凡的一生，真是喜出望外，只是我年迈记忆力衰退，思考欠缺条理，李女士下笔困难必多，特此致谢意。

---

① 1959年8月7日发生于台湾地区中南部的一次严重水灾，造成较大损失。——编者

上编

记忆中的
父亲

一、家世背景

我的家乡是浙江省海宁县。提起海宁，人们会想起钱塘潮。海宁扼钱塘江口北岸，自古即是观潮胜地，享誉中外。

我的远祖王禀，宋靖康中，金兵攻太原，禀公当时任河东路马步军副总管。守太原两百五十日，城陷，率众巷战，壮烈牺牲。宋高宗南渡后，追封安化郡王。海宁城里有"安化王祠"，也有一条安化坊街，即是为纪念远祖王禀公所设。

王家传至我的祖父乃誉公，家道中落，于是他弃文从商。但在贸易之暇，攻书画、篆刻、诗、词、古文，文名扬于乡里。后恰逢有亲戚任溧阳县令，就去当了十多年的幕僚。

1887年，我的曾祖父过世，祖父奔丧回里，守孝课子，并且在盐官镇西南隅建了新的住宅。新宅北依小河，南邻城墙，隔城相望，便是钱塘江，离钱塘江只有几百米，环境清幽。这所住宅，是木结构庭院式建筑，宽三间，共两进；前为平房，后为二层楼，两进房之间有天井和两厢；前有台门，围墙从四周卫护着。前进正厅，是待客、祭祀的公关场所，卧室在后进楼上。这是一个小康家庭的居住格局。

二、父亲王国维先生

我的父亲王国维先生，生于 1877 年农历十月二十九日（阳历 12 月 3 日）。他的童年颇为孤独，四岁时，生母凌氏不幸病故。当时他的姊姊蕴玉才九岁，本身还没有自主的能力，但已能照顾弟弟。

父亲十一岁前，祖父一直在外地谋生，因此，他自幼依赖祖姑母范氏及叔祖母抚养，形成他"寡言笑"的个性。

父亲七岁入私塾读书，十一岁时，祖父奔丧归，遂留在乡里，日夜课子就读。家有藏书五六箧，除《十三经注疏》为父亲儿时所不喜外，其余的书，每晚自塾归，祖父必口授指画，深夜不辍，诗文时艺，皆能成诵。祖父还教他骈文及古今体诗，为父亲日后研究金石、诗文，打下了良好的基础。

父亲十六岁时考中秀才，与褚嘉猷、叶宜春、陈守谦三君，并称"海宁四才子"。陈守谦比父亲年长五岁。他后来在给父亲的祭文中曾说："余长君五岁，学问之事自愧弗如。时则有叶君宜春、褚君嘉猷者，皆朝夕过从，商量旧学，里人目为四才子，而推君为第一。余最浅薄不足道，而君才之冠绝侪辈，叶褚二君亦迄无间言。"足证父亲当时是他们公认的四才子之冠。

父亲喜好看书，可说是嗜书如命，因此他能博览群书，不受一家学说之牢笼限制。但他对于刻板的八股文却兴趣不大。当时考科举要写八股文，考题从四书中出，考生须背熟四书及掌握写八股文所规定的格式。考取进士之后，就能做官。晚清时，科举制度在知识分子心中的重要性，已经急速下降。因此父亲在十八岁、二十一岁时两次乡试不中后，也就不再热衷于仕途了。

1898 年，父亲二十二岁那年，汪康年、梁启超等人在上海创办《时务报》，同学许默斋掌书记，因事返乡，请父亲代理他的工作。父亲遂前往《时务报》工作，虽然薪水甚微，但此行却是他一生事业的开端。

到上海后，父亲自此学日文、英文，接触西方的哲学、科学，研究戏曲、诗文、金文、甲骨文。终其一生，他不断地读书、研究、写作，直到过世，从没有停止过。

近期研究父亲思想的学者，认为他的生活和思想发展大概分成四个时期：

第一个时期（1877 年至 1898 年）：这是二十一岁以前的少年时代，接受传统的教育，也可以说是接受旧学的时期。

第二个时期（1898 年至 1911 年）：从家乡到上海。追求新学的时期，他学习了康德、叔本华等德国哲学家的思想，努力用自己学到的新思想结合中国文化发展的历史经验。在文学创作，特别在美学上作出了划时代的贡献。这是研究文学和美学的时期。

第三个时期（1911 年至 1923 年）：辛亥革命后，退避到日本，全力钻研中国古代文化，尤长于古代史、甲骨文、考古、音韵之学。前半段在日本研究；后半段回上海，在英籍犹太人哈同办的学校中教书，编杂志，取得学术上的丰收。这是学术研究成熟的时期。

第四个时期（1923 年至 1927 年）：从上海到北京。当了退位的末代皇帝的文学侍从，但是他主要的工作是在清华大学国学院当导师。在清华园的文化环境中，对学术做了多方面的开拓，这是学术研究的丰收时期，也是他人生的顶峰。

三、与罗振玉先生侨居日本

辛亥革命后，父亲随罗振玉先生昆仲和罗的女婿刘季英（《老残游记》作者刘鹗之子），携家带眷，东渡日本，三家共二十一人。父亲带母亲、四个哥哥及二个仆人共八口人，于1911年11月27日从天津搭日轮"温州丸"抵神户，暂居在日本京都乡田中村。次年4月移居西京吉町神东冈八番地。八番地面临青山，地甚幽静。

侨居日本时，父亲的主要工作是为罗振玉整理从国内运去日本的藏书及古物。父亲与罗日夕相处，相互切磋，也结识了几位外国学者，受益颇多。当时父亲主要的著作有《宋元戏曲史》（初名《宋元戏曲考》）一书。另集两年所作诗二十首成册，名曰《壬癸集》，还与罗振玉合著《流沙坠简》，并写《殷墟书契》两卷译文等。

父亲早年初到上海时，同时也在罗振玉创办的东文学社就读，受业于藤田丰八等。后来《时务报》因戊戌变法失败而被关闭，罗振玉将父亲引介入东文学社，负责庶务，免缴学费，因此得以半工半读。

东文学社除教授日文外，也传授英文、数理化学等科。父亲从日本教师田冈文集中学得有关德国哲学家康德、叔本华等西洋哲学。

1899年安阳小屯发现殷商甲骨文，此后，父亲也研究甲骨文。1900年，庚子事变，东文学社停办，罗振玉应张之洞之邀，前往武昌担任农务局总理兼农校监督，父亲应邀担任武昌农校日籍教员翻译。当年底，父亲受罗振玉资助，前往日本东京物理学校学习数理，次年归国。

当时正值张謇先生创办通州师范学堂，经罗振玉推荐，父亲遂受聘担任教师，讲授心理学、哲学、伦理学等科目，因此得以进一步阅读康德、叔本华的著作。

1904年，罗振玉在苏州创办江苏师范学堂，父亲前往任教，继续钻研西方哲学思想，撰写许多有关西方哲学的文章。父亲在江苏师范学堂讲学约一年，次年随罗振玉之辞职而去职。

1906 年春天，父亲随罗振玉到北京，仅数月，祖父去世，父亲即归返乡里守制，在家继续撰述。

父亲在家一年后，又于 1907 年 4 月前往北京，认识学部尚书兼军机大臣荣禄 ①，不久，父亲即受推荐在学部行走，担任学部图书编译局编译，负责编译及审定教科书。

这时，父亲发表《三十自序二》，说明他的兴趣已从哲学转向文学，并有志于戏曲之研究。次年开始在《国粹学报》发表《人间词话》。

1911 年辛亥革命爆发后，父亲携带全家，与罗振玉一起避居日本。此后四年即在日本继续做研究与撰述，治学方向转攻经史小学。

四、在日本的生活

我于 1913 年农历十一月初八日出生在日本山清水秀、充满异国风光的八番地，故名东明。因为我的姊姊明珠（1909 年生）不幸早夭，所以家中亦称我为长女。

父亲对待孩子，表面上并不显得亲热，但心底却有深厚的感情。家里的老佣人说，我生下时父亲最高兴。那时他在日本京都和罗振玉先生一起做研究工作，生活相当寂寞，我适时而生，父亲向人说："我们家里已有四个男孩子，现在得了女儿，宛如'一堆米里捡一颗谷'，很是难得。"所以我小的时候，他抱我的时间最多，但这些我全没印象，都是老佣人后来说给我听的。

---

① 荣禄，原文如此。荣禄（1836—1903），此时已去世。似当为"荣庆"（1859—1917）。——编者

在日本生活的四年多时间，母亲的工作亦不轻松，除了照顾父亲，还要照顾四个男孩的起居（包括前房母亲——我们称为莫氏母亲——所生的三个哥哥，加上母亲潘氏自己所生的四哥）。别的不说，光是做衣服、鞋袜，就有忙不完的工作。当时虽有一男仆、一女仆帮忙，仍然要在洋油灯下做到晚上十二时。

1913 年冬生下我，次年冬天母亲又怀孕在身。1915 年 3 月父亲携全家由日本返回老家扫墓，安排好母亲待产后，又带大哥潜明去日本。1915 年 7 月五弟慈明出生。

父亲在日本帮罗振玉整理藏书及古物，学术研究的成就是多方面的，有诗词、戏曲等，最主要的是对甲骨文、金文、汉简的研究，在当时就有世界性的影响。

他既为罗氏工作，生活上自需依赖其资助，其时正值京都百物飞涨，日常费用，渐觉不充裕。而罗振玉历年印书，所费甚多，父亲不愿再有累于罗氏，欲先返国。

透过同乡邹安先生联系，父亲得上海英籍犹太人哈同之邀，回上海在哈同创办的学术杂志担任编辑之职。1916 年，父亲携带大哥潜明由日返国，居住上海爱文义路大通路吴兴里三九二号。1917 年，妹松明出生。

当时在上海，家里人口众多。母亲快生六弟，我已七岁，由三舅带回海宁，住在外婆家。1919 年 10 月，六弟登明出生。

五、在上海的工作

父亲在上海住了十年，主要是帮忙编书、做研究、写书。

据蒋君章先生的回忆，上海哈同花园的正式名称是"爱俪园"，园内设有"仓圣明智大学"。

　　蒋先生说，开学仪式时，王国维先生排列第三，校长在最前面，其次是教务长和王国维先生等重要教习。他在小学读书时，即已久仰王国维先生的大名。

　　他说，王先生是短短的身体，嘴唇上蓄着八字胡须，瓜皮小帽，缀有红帽结，后面拖着一根长辫子，这是他的特别表记。

　　在上海的这几年，生活虽然艰困，父亲著作却颇多，渐受国内外学者的注意，外国学者与父亲也常相往来。

　　1918 年，父亲拒绝了北京大学校长蔡元培的邀请，不愿前往北大任教，反而前往仓圣明智大学担任经学教授。日本京都大学有意延揽父亲，也遭到婉辞。

　　1919 年 4 月，罗振玉自日返国，父亲与伯希和、罗振玉等在上海会见，论学为乐。日人狩野直喜将他从伦敦大英博物馆录得的《敦煌残卷》数篇，提供给父亲，父亲因此得以发表许多有关敦煌残卷的文章。当年 10 月，父亲开始为乌程蒋汝藻编撰藏书志，其后又为《浙江通志》撰写文章，生活相当忙碌。

　　1921 年，北京大学再度托请马衡代邀父亲前往担任文科教授。不知何故，父亲再度拒绝，或许当时父亲仍为蒋汝藻编写藏书志吧。一直到 1922 年年初，父亲才答应担任北大研究所国学通讯导师，不必前往北京任职，可以在上海继续编书写作。

　　父亲为蒋汝藻编藏书志的工作，到 1923 年结束，仓圣明智大学也在这一年解散，父亲遂返回家乡，作短暂的停留。

六、父亲与清华大学

　　1923 年 4 月 16 日，由于前清大学士升允的推荐，父亲被溥仪任命为

"南书房行走"，赏食五品俸，紫禁城骑马。

因此，父亲在 5 月间从上海乘船北上，前往北京觐见溥仪；受命清理景阳宫等处的藏书。次年，罗振玉也入宫，共同整理清宫内府藏书。

1924 年 11 月，冯玉祥率军进入北京，逼走逊帝溥仪；父亲陪同溥仪离开紫禁城，溥仪离开北京，前往天津避难。

1925 年 2 月，清华学校委任吴宓成立国学研究院，父亲应邀担任导师，与梁启超、陈寅恪、赵元任，并称"清华四大导师"。

最初，1909 年清廷运用美国退还的庚子赔款，成立"游美学务处"，考选留美学生。越两年，清华学堂成立。1912 年民国成立，清华学堂改称清华学校；1925 年成立国学研究院（研究院国学门），并设立大学部文理法三个学院，这就是清华大学的前身。

父亲在清华学校国学院担任经史小学导师，主讲《古史新证》《尚书》《说文》等，研究方向则增加了元史和西北地理。他曾撰写《鞑靼考》《元朝秘史地名索引》《蒙文元朝秘史跋》等书篇。

1926 年，清华学校出版父亲的著作《蒙古史料四种》。9 月间新学年开学，父亲负责指导的学科有：经学（含《诗》《书》《礼记》）、小学（含训诂、古文字学、古音韵学）、上古史、金石学、中国文学等。

七、记忆中的清华园

父亲于 1925 年 4 月 18 日迁居清华园西院，母亲则带我们几个孩子，于 11 月间来到清华园与父亲同住。

我们住在清华园的时间虽短，却享受了天伦之乐与童年时无邪的欢笑，但也在这短短的时间中，相继失去了亲爱的大哥和敬爱的父亲。因此对父亲和我们最后共同生活的环境和事迹，以及当时印象最深的人和事，凭着记忆忠实地记载下来。

西院居处

父亲从北京地安门织染局十号迁入清华园，是 1925 年 4 月间事。当时我尚留在海宁外婆家，从母亲给姨妈的信中得知消息。后来母亲又专程回海宁接我到北京，结束了六年在外婆家的童年生活。

清华西院宿舍，每栋只有正房三间，右手边有下房一间，内一小间，通正房，可作卧室或储藏室，左边外为厨房，内为浴室及厕所，设备已稍具现代规模，有进口抽水马桶，只是浴盆是用白铁皮制成，天气稍凉，身体接触盆边，有一种冰凉透骨的感觉，因此后来将它拆下，改用木盆。

厨房旁邻接隔壁房屋处，有一小厕所，是抽水蹲式便池，专备佣仆之用。那个时候，即使居住上海等大城市的人，多数未见识过新式的卫生设备。

这些房屋的特点是院子比房屋的面积大，每户都栽种很多花木，屋后紧接邻家前院，门开右边，左邻刚相反。如此共有两列连栋房屋，合计二十户。每户都是朱红漆的大门及廊柱，闪着金光的铜门环。在当时看起来，倒也气象万千。

第二个特点是窗户特别大，一个房间中有三扇大玻璃窗，上为气窗，向后有两扇小窗，对着别家前院，装得特别高，以确保各家的隐私权。除气窗外，均不能开启。气窗上面，蒙有绿色纱布，北方人叫它作冷布。每逢更换冷布及裱糊顶棚，是一件大事，在北方住过的老年人，大半都知道。每户除门铃外，每间上房，均有电铃通下房，这种设施，在当时还很新颖。

屋外是一条平坦的柏油路，路边种着高大的洋槐树，外面即为石砌的大围墙。这条围墙除南院外，包围了整个园区。正对两列宿舍中间的大马路，有一对大门供出入。门内侧的传达室有人全天候守护。大门外即为通西直门大道，旁有小河，终年流水，清澈见底。冬天仅有靠两岸处结冰，春夏山上融雪，急流汹涌，沿着河边散步，听着水声及林间鸣蝉，为一大乐事。

我们向校方租屋时，原为十七号及十八号两栋，以为连号必然毗连，等到搬家时才发现十八号在最西面，十七号在最东面，两宅相距一二百尺，在这种情况下，也只有先住下再说了。后来不知是与十六号交换了房子，还是十六号正好空出来了。因当时我尚未到北京，事后也忘了追问。总之当年冬天母亲回乡带我来到清华园时，我们已住在西院十六号及十八号了。

十六号是父亲的书房，为研究写作的地方。书室为三间正房的西间，三面靠壁全是书架，书籍堆放到接近屋顶，内间小室亦放满了书。南面靠窗放大书桌一张、藤椅一只，书桌两旁各有木椅一把，备学生来访时用。中间为客厅，只有一张方桌及几把椅子而已。东间为塾师课弟妹处，厕所后墙开一扇门，通达十八号。门虽开在厕所，但门一打开，即把马桶遮住，所以虽为访客必经之途，尚无不雅感觉。十八号为家人饮食起居之所，以目前的眼光来看，实在是很拥挤的。

前院平常很少有人进去，大门常年关闭；后院颇整洁。母亲爱花，老佣人钱妈是农家出身，对种花很内行。虽然没有什么名花蕙兰，春天来时，倒也满院生香。

清华三院的特色

清华教职员的宿舍，共分三院。南院位于大门外左侧，为两层楼西式建筑，都是较为年轻学者所居，如赵元任先生夫妇及陈寅恪先生，即住于一号及二号。当时赵家已有两个女公子，陈伯父则尚未成家。赵氏夫妇在生活方面很照顾他，遂成为通家之好。

西院地处清华园的西北角，建筑古色古香，距学生活动区域较远，恬静安适，是理想的住宅区。出门购物，离城府约一里，离海甸约三里。在没有交通工具的时期，离市集稍近的地方，就方便得多。西院住的大概是年龄较长的教授和职员，租金也较便宜。墙外不远，是圆明园遗址，断垣残壁，硕大无比的石柱，横七竖八地躺在地上，好像在抗议无情的战火对它残酷的摧残。

北院在园内东北角，为西式平房，大部分为外籍教授所居住。宿舍外面空地很广，不远处有一个土丘，下面有一个洞穴，小孩们常在洞里玩耍，并有刺猬出入。爬到丘顶，看到墙外一片平原，据说是个农场。

三座难忘的建筑

清华的大礼堂，是当时很有名的建筑。屋顶是铜质半球形，建材是用白色大块的大理石砌成，绝非目前所谓大理石建筑——只不过用钢筋水泥造好后，贴上薄薄一层大理石片——可比。

前面的大铜门，金光闪闪，又高又大。也许是那时我还小，必须要用全身之力，才能把它推开。门内通道上铺着大红色地毯，后面为舞台。周末常有电影或晚会。那时电影只有黑白默片，演一段剧情，再有一段原文字幕的说明；虽然看不懂，倒也津津有味。

记得有一次，大概是什么纪念日吧，请到了梅兰芳演唱《宇宙锋》。可惜当时我对平剧①一窍不通，只觉得好听，扮相好看，非常像个女人而已。

这座建筑，以目前的标准来看，作为集会及演出的场所，在设备、灯光等方面都还谈不到；它最大的缺点，是有回声，台上说什么，后面就发出同样的声音，我想这也许是当初设计的错误。后来在南京看到"中央大学"的大礼堂，外表虽略相似，但总缺少那么一点华丽高贵的气质。

工字厅是因整座房舍的结构排列，像个"工"字而得名，是纯中国式

---

① 即京剧。平剧为京剧的别称。——编者

的建筑，古意盎然。室外有回廊，旁边古木参天。父亲的研究室就在厅的西头，宽敞高大，书籍也不少。这地方，环境安静，很适合他在那里看书写作，是与朋友学生讨论问题的好地方。

工字厅的后面是荷花池，到了夏天荷花盛开，池边地形略高，遍植垂杨，是消暑的好去处。到了冬天，池中结了厚厚的冰，就成了溜冰场。有时有冰球比赛，平常小孩们推着冰橇，大人就在上面溜冰。在这里的冬天，比任何季节都热闹。

体育馆是当时全国高等学府中首屈一指的，里面有篮球场、羽毛球场及游泳池；二楼有一个圆形跑道，各种运动器材，应有尽有，设备相当完善。可惜有些地方我们不能进去，所以知道得很有限。

如今关山路隔，时代久远，儿时旧梦，已不可寻。

八、清华人物

父亲与赵元任先生、陈寅恪先生、朱自清先生，时相往来；他们的独特之处，在我脑海里也留下深刻印象。

（一）赵元任伉俪

赵元任夫妇在清华时，是风头人物，无论衣着或行动，都很受人瞩目。当时清华学校的教授，大都是留学回国的，可是太太们，多数是旧式家庭妇女，保守、节俭，在家相夫教子，从不过问外面的事。只有赵伯母——杨步伟女士，与众不同。她也留过学，敢在大众面前高谈阔论。平常，人未进门，爽朗的笑语声，已响彻庭宇。这种豪放不羁的个性，在女性中是难得一见的。

她爱穿洋装，只是身体略胖，所穿丝袜，也要从外国买来才穿得下。

这些看在我们晚辈眼里，好生令人仰慕喜欢。那时我真不知道用什么语汇来形容那种感觉，长大后才知道大概就是所谓潇洒吧。

赵伯父对衣着也很讲究，他常穿西装，或长袍下穿西装裤。一副金丝眼镜，更显得温文儒雅。那时他们已有两个女儿，只有六七岁光景，打扮得漂亮又活泼，是全园最出色的孩子。

赵伯父深通音律。家中客厅里的一排木鱼，摆成弧形，据说可以击出高低音阶；可是我们都没有看他敲过。

他们家爱请客。当时首创的所谓"立取食"，其实就是现在的自助餐，把食物放在长桌中间，客人拿了餐具，自己取了站着吃。这种吃法，在六十年以前，是闻所未闻的。参加的客人，宴罢回来，都议论纷纷；还有些太太们，将镂花纸巾带回家去保存，因为向来没有看见过。

最轰动一时的是赵伯母与另外两位教授太太合资，开了一间食堂。食堂在清华园大门前右方、南院对面的小河边，因河上有小桥，故命名为"小桥食社"。木屋抑或茅舍，今已记忆不清，只记得屋后树木阴森，前方及左边均濒临小河，建筑古雅，景色宜人。

文君当垆，至今传为佳话。可是封建气息特重的当时北京社会，尚不能接受这种新思想；清华算是较开放的，但对赵伯母的创举，多半抱持着不太赞同的态度。

"小桥食社"供应的，大概是以南方菜点为多。我只记得有一种烧饼，香酥松脆，很像现在的蟹壳黄，与北京硬韧的芝麻酱烧饼一比，风味截然不同；她选用的餐具都很漂亮。这些，都是事隔八十年尚存的印象。

"小桥食社"生意不错，食客有学生、教职员及其眷属，附近又没有别的小吃店可去，可说是独门生意，或许应该说是一枝独秀才对。问题是在赵伯母交游广阔，又喜请客。凡是稍熟的人到店里，她总是嚷着："稀客，稀客，今天我请客。"就这样，"小桥食社"在请客声中关闭了。

1958年，赵氏夫妇到台湾参加会议。三哥嫂与他们相聚多次，临行曾请他们吃饭，并请到胡适及梅贻琦两位先生作陪。我因俗务缠身，未能躬逢其盛。据三哥嫂说，赵伯母仍是谈笑风生，意兴不减当年。

1974年，三哥贞明到美国探亲，在旧金山停留时，曾与赵老伯电话联络。两位八十多岁的老人家，亲自驾车，将三哥接往山区住宅相聚。他们与久别重逢故人之子，热情地招待，并坚留三哥在山间小住。可是三哥看到两位老人事事必须躬亲，不忍打扰，坚持不能停留，结果二老再亲送下山，并在中国餐馆请他吃饭。赵伯母一面殷勤叫菜，一面说："没关系，吃不完你带回去，可以两天不买食物。"

他们夫妇是两个性格并不相同的人，一个沉默，一个爽朗，但都有那种洒脱及崇尚自由、互相尊重的德性，一直是让人羡慕的神仙眷侣。如今虽已作古，仍令人怀念不已呢！

（二）陈寅恪先生

陈寅恪先生家学渊源（其父陈三立为清末著名的诗人，父子二人皆为饱学之士），抗战时期任教于西南联大，是中国近代史上著名的思想家。

陈寅恪在清华研究院任教时，尚未结婚，与赵元任先生毗邻而居。他自己雇了一个听差，侍候起居，却在赵家一起吃饭。

那时还没有电冰箱，所谓冰箱，是用木料制造，里面钉了洋铁皮，上面放冰，下层放置要冰镇的东西。（本省在电冰箱没有普及以前，也常见到。）在北京，冬季河水都结厚冰，有专营藏冰的冰窖，冬天把冰放进去，到夏天取来出售。清华的住家中，十九都有冰箱，可冰酸梅汤、水果、白开水等。冰块每天由冰厂的伙计按时送来，赵伯母身体肥胖，夏天怕热，所以尤爱冷饮。

我们离开北京后，三哥住在清华，到父亲生前好友处走动。赵伯母豪爽又好客，是一位非常使人乐与交往的女主人，因此他们家经常是座上客常满。有一天，三哥去串门子，客厅中坐了不少人，陈寅恪先生也在座，赵伯母正谈笑风生地周旋在宾客之间。等到三哥坐定了，赵伯母说："今天要讲一个故事给大家听，可是听完了不许笑啊。"

原来前几天，天气很热，陈先生从外进来，直嚷着好热。赵伯母就往冰箱里取出一瓶冰开水，倒了一杯请陈先生喝。他喝得很过瘾，见到装水的瓶子，觉得既方便又清洁，便问赵伯母瓶子是哪里来的。赵伯母说："是酒瓶。"

第二天，陈先生交待听差去买了两瓶酒。那时瓶子并不普遍，大部分酒是用坛子盛装的，买酒都要自己用容器去装回来，叫作"打酒"，很少是用瓶装的。所以瓶装的酒，多半是好酒。酒买回来了，陈先生却叫听差把酒倒了，瓶子洗洗干净，送去请赵伯母装冰开水。

赵伯母用风趣的言词，揭开这位老友的妙事，使得在座客人都捧腹不止。赵伯母自己也笑得前仰后合，只有陈先生在一旁悠然自若地微笑不语，真是大智若愚啊！

（三）朱自清的另一面

一次读到"《中国时报》""大地"副刊马逢华先生记述朱自清先生当年教学的情形，使我想起 1926—1927 年他家住在清华的景象。

我家住在清华西院十六号和十八号，十四号正位于十六号前方。原先住的是经济学教授朱彬元先生，后来转入银行界，就搬离了清华。不多久，好像是 1926 年春，朱自清先生家就搬进来了，我们与他家也就成了近邻。他们孩子不少，都是不满十岁的幼儿。朱伯母身体瘦弱，一副病恹恹的样子，衣着也是十分随便，经常看到她呼儿唤女地团团忙着。

朱先生很喜欢小孩，傍晚时分，只要有空闲，总会坐在家中屋前的台阶上，与孩子们游玩、讲故事。也许是体谅太太，把孩子带开了可让太太稍微得到休息吧。除了自己的孩子，邻居七八岁的儿童，也会围着他听讲。六弟和松妹即是座上常客。如果到了晚餐时，尚不见二人踪影，不用找，必定是在朱家听故事。经常是我去叫他们回家。

一进大门，就可以看到一双双小眼睛凝神静听的姿态，和朱先生比手划脚全神贯注的样子。直到我长大后，才体会到：那是他与孩子们的心灵在交流，彼此到了融会合一的地步，是他拥有一颗赤子之心，才能与天真无邪的孩子，无拘无束地坦诚相见，犹如水乳交融。而当他面对一般世俗之人时，失去了那种自然流通的管道，显得拘谨木讷。凡是至情率性的人，很少不拙于言词的；他们生活在内心世界中，心中想要向人表达的，往往是口不如笔。

我那时已过了听聆童话故事的年龄，但还不到欣赏《背影》《荷塘月色》等文的时期。等到上了中学，在课本上读到《背影》和《匆匆》二文时，已是多年以后的事了。

我对同样的荷塘、同样的月色也曾向往亲临过，为什么没有他那种情怀与忧思，写出那样美好的文章呢？

九、辫子二三事

父亲的辫子，是大家所争论不休的。清华园中，有两个人只要一看到背影，就知道他是谁。一个当然是父亲，辫子是他最好的标志；另一个是梁启超先生，他的两边肩膀，似乎略有高低，也许是曾割去一个肾脏的缘故。

每天早晨漱洗完毕，母亲就替他梳头。有次母亲事情忙完了，或有什么事烦心，就嘀咕他说：人家的辫子全都剪了，你留着做什么？他的回答很值得玩味，他说：既然留了，又何必剪呢？

不少人，被北大的学生剪了辫子，父亲也常出入北大，却是安然无恙。原因是他有一种不怒而威的外貌，学生们认识他的也不少，大部分都是仰慕他、爱戴他的。对这样一位不只是一条辫子所能代表一切的学者，没有人会忍心去侵犯他的尊严。

由于他的辫子，有人将他与当时遗老们相提并论。他不满于当时民国政府政客及军阀的争权夺利之种种行事而怀念着清朝皇室，也是实情；至于有人说他关心及同情复辟派，以及向罗振玉汇报消息，此可在最近北京中华书局出版的《王国维全集》之"书信集"中，或许可窥见一二（如在1917 年 6～7 月间致罗的书信）。但在同书 194～195 页，即 1917 年 6 月30 日致罗函中谓：沈曾植北上参与复辟活动，其家人对父亲伪称赴苏。以他们间私交之深，尚加隐瞒，可见父亲与张勋复辟，并无关联。热衷或参与政治活动之说，更属无稽。

近来罗振玉的长孙罗继祖，极力强调父亲的死为"殉清"及"尸谏"，其言论的根据是父亲的遗折，但是遗折却是罗振玉所伪造的。理论的据点，建立在虚无的事物上，可信度是可想而知的。溥仪后来也知道遗折是伪造的，罗继祖引了溥仪一句话："遗折写得很工整，不是王国维的手笔。"他还添了一句："这话倒是说对了。"不知他指的是"字"还是"遗折"本身。

其实罗振玉与父亲，在学术上的成就，罗王齐名；而在人品方面，却褒贬各异。其中也有不少是凭个人的好恶，信口开河，甚或加以渲染，使身为长孙的罗继祖，不得不借二人间的共同点，找出接近、类似之处作对比，来替乃祖辩解。

父亲对仪表，向不重视，天冷时一袭长袍，外罩灰色或深蓝色的罩衫，另系黑色汗巾式腰带，上穿黑色马褂。夏穿熟罗（浙江特产的丝织品）或夏布长衫。除布鞋外，从来没有穿过皮鞋。头上一顶瓜皮小帽，即令寒冬腊月，也不戴皮帽或绒线帽。

那时清华园内新派人士，西装革履的已不在少数，但他却永远是这一套装束。

辫子是外表的一部分，自日本返国后，任何时期如果要剪去辫子，都会变成新闻，那决不是他所希望的。从他保守而固执的个性来看，以不变应万变是最自然的事。这或许是他回答母亲话的含义吧。

十、休闲生活

父亲的一生中，可能没有娱乐这两个字。那时收音机尚不普遍，北京虽有广播，顶多有一个小盒子样的矿石收音机，戴耳机听听，就算不错了。举凡现代的音响视听之娱，非当时梦想所能及。他对中国戏曲曾有过很深的研究，却从来没有见他去看过戏。

我们住在城里时，他最常去的地方是琉璃厂。古玩店及书店的老板都认识他。在那里，他可以消磨大半天。古玩只是看看而已，如果在书店中遇到了想要的书，那就非买不可了。所以母亲知道他要逛琉璃厂，就先要替他准备钱。

迁居清华以后，很少进城，到书店去的时间也就减少了。记得有一次他从城里回来，脸上洋溢着笑容，到了房内把包裹打开，原来是一本书，他告诉母亲说："我要的不是这本书，而是夹在书页内的一页旧书。"我看到的只不过是一张发黄的书页，而他却如获至宝一般，我想一定是从这页书里找到了他很需要的资料。

我们小的时候，他一闲下来就抱我们。一个大了，下一个接着来，倒也不寂寞。

在清华时，最小的六弟已六七岁了，没有孩子可抱，因此就养了一只狮子猫，毛长得很长，体型也大，而且善解人意。只要有人一呼叫，它就跳到谁的身上。

父亲有空坐下时，总是呼一声猫咪，它就跳到他的膝盖上。他用手抚抚它的长毛，猫就在他的膝上打起呼噜来。后来这只猫不见了，母亲找遍了园内各角落，又怕学生捉去解剖了，四处托人询问，始终没有踪影。

唯一的一次出游，是与清华同仁共游西山。那天，父亲是骑驴上山，母亲则步行而上。我和妹妹同骑一驴，可是我因脚踏不到足蹬，几次差一点被驴掀下来，虽有驴夫在侧，我仍然下来步行。妹妹以前骑过，已有经验，一点也不害怕。

我印象最深的是卧佛寺，金身佛像支颐横卧在大殿中，人与他一比，就显得太渺小了。一路上大人与大人在一起，我们小孩，自成一队。父亲那天玩得很高兴，其他印象，已无迹可寻。

弟妹们在家，总爱到前院去玩。有时声音太大了，母亲怕他们吵扰了父亲，就拿了一把尺装模作样地要把他们赶回后院去。他们却是躲在父亲背后，父亲一手拿书继续阅读，一手护着他们满屋子转，真使母亲啼笑皆非。

平常他在休息时，我们几个小的，常围着他，要求他吟诗给我们听。那时我们不懂得吟，只说是唱，他也不怕烦。有时求他画人，其实他不会画，只会画一个策杖老人或一叶扁舟，我们也就满足了。回想起来，謦欬犹自在耳，昔日儿辈，已满头白发了。

一、投湖之前的日子

父亲为什么要到颐和园鱼藻轩跳昆明湖自杀呢？

关于这件遗憾事，讨论的人很多；提出的原因也各有不同的见解，包括罗振玉先生逼债说、罗振玉先生带回女儿说、殉清说、时局逼迫说等。我回想起来，可能是各种因素促成的，导火线则是大哥潜明突然病逝，大嫂罗孝纯是罗振玉的女儿，却被罗振玉带回去自己照顾，父亲受到很大的刺激。

1918 年，大哥十九岁在上海结婚，大嫂即罗振玉之次女。父亲与罗振玉先生初为师生，继为朋友，终为儿女亲家，关系实不同寻常。

然而好景不常，1926 年 9 月潜明哥在上海突染伤寒症。本已好转，但实际并未痊愈。这类病在恢复期忌吃生硬之物，大哥喜欢吃硬饭，后来又发作了。

父亲听闻大哥病危，即由北京清华园乘车赴上海，其病已无救。父亲在上海为他主持丧事。罗振玉也到上海慰问，并安慰自己的女儿曼华（字孝纯）。丧事办完，罗振玉就带着女儿回到天津罗家去了，当时称之为

"大归"。

父亲个性刚直，他最爱大哥，大哥病逝，给父亲很深的打击，已是郁郁寡欢，而罗振玉又不声不响地偷偷把大嫂带回娘家，父亲怒道："难道我连媳妇都养不起？"然后把大哥的抚恤金及他生病时大嫂变卖首饰的钱全汇去罗家；他们寄还回来，父亲又寄去。如此往复两回，父亲生气得不言语，只见他从书房抱出了一叠信件，撕了再点火焚烧。我走近去看，见信纸上款写着：观堂亲家有道……

此事后，不再见父亲的欢颜，不及一年他投湖自尽了。

二、投湖当天

夏天的清华园，在往昔平静的学术氛围中，增添了忙碌和紧张。1927年6月1日（阴历五月初二日）离端午节还有三天，谁也想不起过节，忙的是清华园学院毕业生的毕业。

学生们忙着向老师告别，请老师题字。父亲也为学生题扇。中午，举行导师与毕业生的叙别会。席仅四桌，席间父亲那桌寂然无声，因他惯常寡言笑，大家也习惯了。后来有位山西籍的学生听传闻北伐军将至，怕时局会乱，敦请父亲去他家乡长治，父亲答道："没有书，怎么办？"接着梁启超起立致词，表扬同学成绩优秀，对清华研究院满怀希望："继续努力，清华必成国学重镇无疑。"父亲点头赞同。

下午，同学分别到各老师家话别。有几位学生到家拜见，父亲不在家。经电话询问，知他在陈寅恪先生家。父亲得知有学生来家，当即赶回会见学生，恳切论学。

晚饭时，同学方告辞，晚上戴家祥等拜访父亲。他曾为文回忆当晚的情形："是晚，某与同学谢国桢，谒先生于西院十八号私第，问阴阳五行说之起源，并论日人某研究干支得失。言下涉及时局，先生神色黯然，似有避乱移居之思焉！"父亲还告诉他们："闻冯玉祥将入京，张作霖欲率兵总退却，保山海关以东地，北京日内有大变。"

谢国桢记述这次会面如下："先生未逝之前一夕，桢尝侍侧，谈笑和怡，诲以读书当求专精。既而曰：'时事如斯，余全无可惜。惟余除治学外，却无从过活耳。'盖先生之死志，着之久矣。"父亲送走二位学生后，回屋继续评阅学生试卷，回忆中，父亲当夜熟眠如故，并无异样。

1927 年 6 月 2 日（阴历五月初三日）早上一切如常，父亲早起盥洗完毕，即至饭厅早餐。那时我们兄弟姊妹虽没有上学，但必须与父母亲同进早餐，不能睡懒觉。

父亲餐后必至书房小坐，大概是整理些什么，如有东西须带至公事房，总是叫老佣人冯友跟随送去。这一天，他是独自一人去的。到了研究院教授室之后，又与同事商议下学期招生事，并嘱办事员到家里将学生成绩稿本取来。昨夜他为谢国桢纸扇题字，偶称谢国桢为"兄"，此时又慎重将"兄"字改为"弟"字。

一切料理妥当之后，他向研究院办公处秘书侯厚培借二元钱。侯厚培身边无零钱，就借给他一张五元的纸币。当时教授习惯上身边并不带钱，侯也不以为意。两人谈话甚久，父亲走出办公室，就去清华南院校门外两旁守候的人力车中，雇车赴颐和园；进园前，命车夫等候，并付洋五毫。

父亲十点多钟走入颐和园，漫步过长廊，在石舫前兀坐沉思，不多久即步入鱼藻轩，吸纸烟。大约十一时左右，从鱼藻轩石阶上跃身入水。有清洁工闻声即来救助，捞起后，已气绝。时投水最多两分钟，看来父亲死志已决，用头埋入淤泥中，窒息而死，因为那里水浅，死前背上衣服还未湿。

大约下午三时左右，颐和园中的工作人员问门口车夫，何故在此久候；车夫告知有一老先生命其在此等候。工作人员告知有人投湖自尽，叙述投水者衣着、相貌，一一符合。该车夫即奔回清华报讯。

其时，母亲久等父亲不归正感奇怪，三哥贞明刚从上海转到燕京大学准备就读。中午回家吃饭，到清华找父亲，在校门问车夫，才知父亲早上搭三十五号车往颐和园，即西奔往探。途中正遇上三十五号车回校，车上坐着一名巡警。三哥认识这位车夫，巡警问明三哥身份之后，一起折回颐和园。又到警察局备案。这是 6 月 2 日下午四时左右。

到了下午七时许，清华学校全校之人均知此事矣。晚九时，教职员、研究院学生二十余人，乘两辆汽车至颐和园。园门已关，守兵不许进入。经再三交涉，始准校长曹元祥、教务长梅贻琦及守卫处乌处长入视。

6 月 3 日晨，母亲带着我们及教职员、学生等入园探视。时父亲遗体仍置于鱼藻轩亭中地上，覆以一破污之芦席，家人及学生莫不痛哭失声。

下午四时检察官始至验尸，此时在父亲口袋中，搜出遗嘱一封，并现洋四元四角。验尸毕，即由校中员生及家族护尸至颐和园西北角园门处之三间空屋中，于此正式入殓。棺木运来甚迟，直到晚上九时，才正式运枢至清华园南边之刚秉庙停放。校中员生来者均执灯步行送殡。麻衣执绋，入寺设祭。众人行礼毕，始散，已 6 月 3 日晚上十一时矣。

是日送殡者有清华教授梅贻琦、吴宓、陈寅恪、梁漱溟、陈达；北京大学马衡教授、燕京大学容庚教授，研究院学生均前往送灵。

父亲死后，法医在父亲口袋中找到遗书一封，纸已湿透，然字迹清晰，封面写着"送西院十八号王贞明先生收"，因为当时大哥已逝，二哥又在外地工作，所以写了三哥的名字。

遗书内中云：

五十之年，只欠一死，经此世变，义无再辱。我死后，当草草棺殓，即行稿葬于清华茔地。汝等不能南归，亦可暂于城内居住。汝兄亦不必奔丧，固道路不通，渠又不曾出门故也。书籍可托陈、吴二先生处理。家人自有人料理，必不至不能南归。我虽无财产分文遗汝等，然苟能谨慎勤俭，亦不至饿死也。

五月初二日　父字

三、父亲的后事

这份遗书是父亲自沉（五月初三日）的前一晚写的。据母亲说，他当晚熟睡如常，并无异样，可见他十分镇静，死志早决。

依了父亲的意思，我们不曾请风水师择坟，也没挑选"吉日"，就在清华外面七间房买一块地把父亲葬了。坟是清华的泥水匠做的，立了一个碑，上书宣统皇帝封的谥号"王忠悫公"，坟地四面都种了树。

"王忠悫公"是有一段来历的。父亲去世之后，罗振玉先生送了一份密封的所谓父亲的"遗折"给皇帝，充满孤臣孽子情调的临终忠谏文字。宣统皇帝读了大受感动，和师傅们商量后，发一道"上谕"为父亲加谥"忠悫"，派贝子溥忻前往奠醊，赏陀罗经被并大洋二千元。

原来遗折是罗先生命他的第四个儿子仿父亲的字迹写成的。罗振玉先生为什么这样做？想是要利用父亲"忠于清室"来标榜自己吧！

这些年来，凡是有关父亲的任何资料我都尽量加以剪存并仔细阅读。时间越是长远，越深刻地体会到自己对父亲的感情与愧疚，正如父亲的词句："已恨年华留不住，争知恨里年华去。"（《蝶恋花》之五）

三哥说，想到父亲生前"往往以沉重之心情，不得已之笔墨，透露宇宙悠悠，人生飘忽，悲欢无据之意境，亦即无可免之悲剧……"之情境，总会怆然而泪下。①

四、对母亲造成的打击

父亲突然去世，为家中笼罩了一层愁云惨雾，每个人都食不下咽，即连仆佣亦不例外。由于母亲无心料理三餐，家中当时常不举炊，每天从"高等科"厨房送来两餐包饭，大家却是略动筷子，即照原样收回去。后来由钱妈把家事接下来，又开始每日由成府小店送来预约的各种菜蔬，再行自炊。

母亲那时每天都到成府刚秉庙，为父亲棺木油漆督工。棺木漆了几次后，外面加包粗麻布，再漆，再包，共七层之多，然后再加漆四五次，到后来，其亮如镜，光可鉴人。那时用的并非现在用的快干洋漆，而是广漆，必须等待每一层干燥后，才能再漆，费时不少。当时正处盛夏，辛苦奔波，还在其次，最难耐的是庙中隔室另有一具棺木，是早些时北京学生示威运动中被枪杀的一名清华学生，因棺木太薄，又未妥善处理，远远就闻到阵阵尸臭，母亲亦未以为苦。

接着购地，挖掘坟穴，也是她在忙着。钱妈悄悄地对我说，让她去忙，这样可稍减悲痛的心情。

有一天下午，母亲正好又到坟地看工人修筑墓穴去了，家中别无他人。我因要找东西，请钱妈帮我抬箱子。

抬下第一只，看见箱面上有一封信，是母亲的笔迹，上面写着我的名字，当时我立刻联想到从父亲衣袋中取出来的遗书，马上感到一阵心跳手

① 三哥贞明曾于1983年8月8日在台湾《联合报》副刊发表《父亲之死及其他》，叙述父亲自杀及他参与处理父亲后事的经过。

抖，知道不是好兆。好容易把书信打开来一看，是母亲的遗书！

信中大致是叫我们把父亲和她安葬以后，即筹划南归，回到家乡去依舅父及姨母生活；父亲的抚恤金，清华原定每月照付薪金到一年为期，由三哥按月领了汇给二哥管理，合并其他的钱，勉强够我们的生活教养费。

这突如其来的事情，对一个不足十四岁的孩子来说，简直不知所措。幸亏钱妈比我冷静沉着，叫我不要声张，即使是家人面前也不要提。

她问我与母亲较好的有哪几位太太。我说西院一号陈伯母（陈达教授太太）、四号郑伯母（郑桐荪教授太太）和南院赵伯母（赵元任教授太太）等三人比较接近。

两人商量一下，觉得陈伯母太老实，不善言词，恐怕说不动母亲，无法让她改变心意。赵伯母心直口快，将来说漏了嘴，全园皆知，是很尴尬的事。只有郑伯母说话有条理，行事很谨慎，且与母亲最谈得来。因此我马上去与郑伯母商量。

她叫我不要惊慌，她一定尽力说服母亲的，要让母亲看在儿女的分儿上，多管我们几年。然后在家中，由我哀求，钱妈劝解，三人合作总算打消了她的死志。当母亲说了一句："好吧！我再管你们十年。"我才如释重负地放下了大半个心。

五、父亲轻生之谜

对于先父王公国维之死，已若断若续地议论了半个多世纪。究竟孰是孰非，一时尚难下断语。最近因罗振玉先生的长孙继祖所编《永丰乡人行年录》（即罗振玉年谱）问世，以及先父在大哥逝世后为大哥海关恤金事给罗的三封信，由罗继祖发表，流传海外，学者又开始留意对王罗失欢原因的追究。

看了 1984 年 9 月 30 日《中国时报》副刊上杨君实先生的《王国维自沉之谜后记》后，觉得他的观点与论点，值得商榷。

所谓"百思不解"的谜底，杨氏摘录的《永丰乡人行年录》中的一段，说是已原原本本地道出来了。其要点为：（1）特别指出潜明高明贞明为静安元配莫出，潘为继母。（2）长媳与继姑不睦。（3）家政皆潘主之。（4）潘处善后或有失当。（5）孝纯诉之于父，父迁怒静安听信妇言，而静安又隐忍不自剖白，遽携女大归。（6）罗令女拒收海关恤金。以上各点，隐示王、罗的失欢皆归咎于继姑潘氏。杨文末后所引先父与罗氏的信，乃 1917 年张勋复辟失败后所写的，未加指明，颇觉突如其来。

杨先生认为罗继祖原原本本说出来的为长媳与继姑不睦为主因，治丧或失当为导火线。而事实上是否如此呢？在此必须一辨。

大嫂在 1919 年十七岁时，就嫁过来了（杨文误作辛亥东渡时）。至 1926 年大哥病故，仅有七年多，小部分时间与翁姑同住，其他时间，有住在天津娘家的（当时大哥调职天津海关），亦有小家庭独住的（大哥调回上海江海关以后）。姑媳相聚之时确是不长。

在大家庭中，姑媳意见偶有相左，亦是常事，何致像火药库一般，一引导火线即爆发呢？在罗举家徙居东北以前，婆媳之间时有书信往返。犹记 1929、1930 年间，大嫂曾由津赴沪，并返回海宁探视先母。1948 年冬，托人带信给母亲，欲随母亲同住。

如果与继姑心存芥蒂，平日又何必书信存问，又何必绕道省视？母亲为人继姑者，并非长媳一人，对二三两媳亦属继姑身份。可是她们相聚很久，婆媳之间都很融洽，情如母女。

说到治丧事件，当初共同办理丧事的，尚有二哥高明，时年二十五，三哥贞明，时年二十二，及老家人冯友。早已成年的二哥、三哥都是大哥的同母弟，当无偏颇情事。先父平日除研究学问外，很少管日常事务；现遭丧子之痛，心情恶劣是可想而知的。枝节小事，家人不敢再去烦他神，治丧事宜由母亲代劳是可信的。

至于罗继祖文中说："潘处善后或有失当。"乃属臆测之辞，究竟有什么地方什么事失当？未能指明，而用"或"字约言之。我无意说他在为乃姑及乃祖辩护，但臆测之辞，是不足证明过去事实真相的，而徒使无辜者遭受不白之冤。

我在《先父王公国维自沉前后》一文中，尽可能避免用类似口吻，来假定大嫂方面的因素，一则不愿有损大嫂清誉，她曾是大哥的爱侣，大哥早死，连子女都没有留下，命运坎坷，已经够可怜了，何忍再加以议论；再则恐有为先母辩白之嫌，不知者或讥为"女为母隐"。因此用百思不解一词，一笔带过。

这次事件的发生，毋宁说是偶发事件较为合理，因事先并无失和迹象。其时父亲丧子，大嫂丧夫，都是在哀痛过度的时候；而罗氏为爱女遭遇不幸，舐犊情深，心中自亦不好受。

当此情景，每人情绪都很激动，任何小问题，若稍有歧见，大家都无好言语，小误会成了大争执，以致不可收拾，罗氏一怒携女大归。其实照我们现在的眼光来看，大哥过世时，大嫂才二十四岁，可以说心智尚未十分成熟，在顿失依靠的时候，既无儿女可守，那么最可信赖的，当然是父母。像大嫂这样遭逢不幸者，多数人都会选择返回父母跟前之一途。至于大嫂当初是否本有归宁之意，或因误会而临时动意随父而去，则不敢妄下断语。

东明当时年幼，不敢过问大人们的事，其间隐情，实难了解。不过就常理言，大哥亦由先母带大，大嫂又是罗氏的掌上明珠，以两家关系之深、情谊之厚，先父母绝对不会不尊重大嫂的意见；只是个人的感受不同，新寡的大嫂，心理上总是饱受委屈的，乃向她父亲诉起苦来，罗氏听后便心中不平了。所谓大归，只是罗家的说法；我们王家并无此说，兄弟姊妹仍视孝纯为我们的大嫂，是家中的一员。

先父性情敦厚，怀旧之情殷笃，虽在沉痛中，用笔仍委婉恳切，毫无绝情之意。

先母主理家政，非自为姑之日始，先父当年续弦的主要目的，即为支持门户。（见王德毅编《王国维年谱》，第48页）。先父这一生中，如无两位母亲先后为他处理家务，无内顾忧，恐怕不会有那么辉煌的成就。

有关大嫂拒绝领受大哥海关恤金事，罗继祖于1982年8月发表跋《观堂书札》于《读书》上，引录三封先父给罗氏劝大嫂勿拒收恤金的信。兹摘录于后：

第一封：

维以不德，天降鞠凶，遂有上月之变，于维为冢子，于公为爱婿，哀死宁生，父母之心，彼此所同。不图中途乃生误会，然此误会，久之自释，故维初十日晚过津，亦遂不复相诣，留为异日相见之地，言之惘惘！初八日在沪，曾托颂清兄以亡儿遗款汇公处，求公代令嫒经理。今得其来函，已将银数改作洋银二千四百二十三元汇津，目下当可收到。而令嫒前交来收用之款共五百七十六元，今由京大陆银行汇上，此款五百七十六元与前沪款共得三千元正，请公为之全权处置，因维于此等事向不熟悉，……亡儿在地下当为感激也。（九月十八日）

第二封：

昨函甫发，而冯友回京，交到手书，敬悉一切。令嫒声明不用一钱，此实无理，试问亡男之款不归令嫒，又当归谁？仍请公以正理谕之。我辈皆老，而令嫒来日方长，正须储此款以作预备，此即海关发此款之本意。此中外古今人心所同，恐质之路人无不以此为然者也。京款送到后，请并沪款以并存放，将原折交与或暂代为收存，此事即此已了，并无首尾可言。（九月十九日）

第三封：

昨奉手书，敬悉种切。亡儿遗款自当以令嫒之名存放，否则照旧日银庄之例用"王在记"（按大哥又字在山）亦无不可。此款在道理法律当然是令嫒之物，不容有他种议论。亡儿与令嫒结婚已逾八年，其间恩义未尝不笃，即令不满于舅姑，当无不满于其所夫之理，何以于其遗款如此拒绝。若云退让，则正让所不当让，以当受者不受，又何以处不当受者，是蔑视他人人格也；蔑视他人人格，于自己人格亦复有损。总之，此事于情于理皆说不过去，求公再以大义喻之。（九月二十五日）

以上三信，先父在沉痛中，用笔仍委婉恳切，尚期异日再见，毫无绝情之意。经过一再恳求，大嫂才把遗款收下了。

罗继祖在《观堂书札》再跋里，曾提及有人在他父亲（罗振玉长子福成）处，见到先父自沉前写给罗的一封信，写在八张八行纸上，其中谈到叶德辉的死，具体怎么说，看到的人也记忆不清。此信原归旅顺博物馆收藏，听说已在十年动乱中佚失。这封信，罗继祖并未看到，他估计当时久未通信，很可能是先父为叶德辉事，破例去信示警的，而他家未敢以呈罗，致保存在他父亲遗箧中，由此可见先父为人的敦厚与怀旧之情的殷笃。

先母为人处世，乡里称颂，我不必欺世而为之誉扬。

有关先母事迹，愿在此补述一二，免得以讹传讹，或以为一代国学大师王国维，竟有一名悍妇蛮妻。儿女之心，人皆同之，想读者不以赘言为怪。①

1. 家世及联姻经过

外祖父潘公祖，曾中秀才，在家中为独子，并兼祧数房，所以中了秀才以后，无意仕进，居乡读书课徒以娱亲。先母幼承庭训，知书达礼，为莫外祖母所激赏。

光绪三十三年（1907年）先嫡母莫氏逝世，遗下三个哥哥潜明、高明、贞明，大的仅九岁，小的不足三岁，当时亲友均劝先父续弦，以主中馈，莫外祖母力主以先母潘氏为继，且自为大媒。

次年正月，先母来归。三月，父亲携眷北上，莫外祖母随行赴京。先母事之如所生，莫外祖母在京居住一年多，看到先母对待前房之子有如己出，始放心回到原籍老家。

2. 与莫外祖母的一段渊源

莫家世居海宁城北约五里地之春富庵镇，至外祖父时尚称莫百万。外祖父早逝，遗下莫氏母亲及一幼子，时莫外祖母年仅二十七。稍后幼子又夭，莫外祖母伤心之余，亟欲立嗣，以保产业，但本姓中多属无赖子弟，决心向贫苦人家领养两子，即大舅父与五舅父。家中财产并未因已立嗣而保全，同姓子弟欺凌孤儿寡妇，而掠夺其产业，最后连住宅亦被夷为平地，而致赁屋居住，靠几亩薄田糊口。

① 《为母亲说几句话》一文，曾发表于1984年10月23日台湾《中国时报》。

莫外祖母自莫氏母亲适先父后，全副精神寄托于女儿身上。不想唯一可寄托的女儿，忽然病故。先父刚逾而立，诸子皆幼，为先父物色继室，老人家比谁都关心。

先母来归后，每月送与莫外祖母零用若干。居上海时，有便人回乡，必带些莫外祖母喜吃的山楂糕、粽子糖、香菇等物，此外衣着日用如有短缺，必托人从上海带回。有时先母返乡省亲，亦必接莫外祖母到潘家同聚。

莫外祖母年事渐老，依家乡的习俗，必须预制寿衣寿材。先母特为她订制上等的寿衣寿材。可是她的孙辈，都不长进，曾数度把她的寿衣当掉，每次都是先母替她赎回。此后她就再三叮嘱先母，在她百年之后，务要赶回替她治丧。

1935 年夏天，先母忽得莫外祖母病逝电报，即刻携吾妹松明，自沪回乡奔丧。在先母未去之前，二位舅母（两位舅父均已去世）及其子女要想向店家赊些素烛纸箔，都遭拒绝，向庙中僧道洽做法事，也不得要领。等见到先母坐的小划船抵达时，大家奔走相告，店家闻之，即派伙计送来需用各物，和尚道士也来接头做法事。先母竭尽做孝女的本分，在灵前守灵；松明则坐账桌，逐笔付款并记账，一桩丧事就完满办好了。临走时，还留下些钱，作为七七之用。

3. 与家人相处

先母二十二岁为王氏妇，立即成为三个孩子的继母，上有莫外祖母，下有莫氏母亲生前所用之女佣——钱妈。三位哥哥秉承上一代善良的个性，全家上下无间。

先母平日对佣仆很宽厚，从不疾言厉色，尤其对钱妈，先母都令我们叫她妈妈（海宁乡言以妈妈称伯母）。钱妈嗣子不肖，临终亦求先母为她办理丧事。我记得当天先母身体本不适，但仍抱病至丁家桥，为老仆料理后事。

曾与先母共同生活过的有四位嫂嫂。大嫂已如前述，先母与二嫂相处前后亦有七八年。相处时间最长的，是三嫂与四嫂，都在十年以上。三嫂还以有此婆婆为幸。至于当时在烟台、威海海关中的同事及其眷属，都说王氏婆媳间的融洽和谐，是不多见的。

先母与四哥嫂在台湾住的时间较长。在高雄时，住在海关宿舍内，二十家的住户中，最让人羡慕的是王家婆媳。我的妹婿曾戏对四嫂说："天下的福气，都让你占光了，有一个好丈夫，又有两个好儿子，再加上一位好婆婆，你是几世修来的！"后来四嫂虽远居美国，在先母诞日忌辰，必请三嫂代献弥撒。设非当初相处得好，在死别二十年后，何以仍有此孝心。

从以上点点滴滴，都可反映出先母为人处世之道。三哥四哥的同事朋友，存世者当不在少数，我不必欺世而为先母誉扬。罗继祖跋文中述说乃祖脾气褊急，徇一时舐犊之爱，竟弃多年友谊于弗顾，持论尚属公平，由此可推想其于《行年录》(永丰乡人行年录)中所述，并无恶意攻讦先母之本意，惟未计日后他人的误解，致以讹传讹，这是很遗憾的。故不得不辩。

六、父亲的影响

父亲于1927年投湖自尽时，年仅五十一岁，至今已有八十多年。但由于父亲的学术成就与宽厚为人，学术界与亲朋好友，经常撰文怀念，或举办研讨会，研究父亲的学术论著与思想。生命有涯，而学术无穷，父亲至今仍活在人们的心中。

1987年，父亲去世六十周年时，东明曾撰文追念。父亲在学术上的成就与贡献，早有定论。他自杀的原因，也已争论超过半个世纪，即使论辨清楚了，也于事无补。

这几十年来，我们做子女的，可说是无人能克绍箕裘，继续父亲的学问，只有二哥高明（字仲闻），在词学方面略有成就。不过，我们都能恪遵父亲对我们要求"谨慎勤俭"的遗嘱，实事求是。

父亲的成就，大都得自天赋、毅力与求知的狂热，当然，机缘也是重要因素。他所往来者都是饱学之士，得收相互切磋之功。早年罗振玉先生的启发与帮助，也是父亲成功的因素之一。

父亲最大的收获，是他能有机会遍读各家藏书。例如，他曾供职学部图书馆，在日本遍览罗氏大云书库五十万卷藏书，在上海整理哈同藏书、吴兴刘承干嘉业堂藏书、为乌程蒋汝藻密韵楼藏书编藏书志，因此，得以尽观所有善本书。

民国初年，父亲为清宫整理内府藏书及古器物，又适逢大量殷商甲骨文物出土，使他得以将出土文物与古书记载对照研究，开创一门独家之学。他的研究论著，至今仍是不可多得的学术成就。

历年来，研究父亲的论著、思想与文学批评的甚多，甚至连外国学者也加入研究的行列。1986年，美国哈佛大学博士研究生柔伊·班纳小姐（Joey Bonner，中文名字沈怡），曾由沈剑虹夫妇陪同，来访谈有关父亲王国维的史料，后来出版了《王国维传记》（*Wang Kuo-wei, An Intellectual Biography*, 1986），让我印象非常深刻。

学术乃是天下公器、无私无我。相信海内外学者，必将在父亲所开辟出来的基础上，继续研究发现，再传薪火。

一、父亲去世后的王家处境

父亲在清华园时，我曾跟随父亲读《论语》，生活很快乐。但是，好景不常。

这样的日子只过了一年半，《论语》亦只念了一半，父亲忽然去世了，全家顿时陷入了无底的深渊，不知如何接受及因应这突如其来的不幸事件。

等到父亲的丧事告一段落后，对我们兄弟姊妹的教育问题，有了初步的决定。三哥贞明虽已办好燕京大学的转学手续，但清华学校给了他研究院一个职员位置，因此就辍学就职了。

四哥纪明上了崇德中学高一，五弟慈明、六弟登明及松明妹则进清华的子弟小学——成志小学，只有我暂时不准备入学，虽经赵伯母（赵元任夫人）再三相劝，我仍坚持己见，当然我有不得已的苦衷。

最后的决定是由父亲的助教赵万里先生教我念古文，一部《古文观止》，倒也选念了数十篇文章。这时一改以前漫不经心的态度，用心听讲，用功熟读。想到以前背书父亲皱眉头的情形时，心中总不免感到一阵愧疚；他人求之不得的机会，自己却轻轻地把它放过了。

赵万里先生与我家本来是亲戚，他是母亲表姊的长子，平时各处一方，很少往来。他有一个弟弟、三个妹妹，在家乡都是优异的学生。父亲就任清华研究院，原已聘定平湖陆维钊先生为助教，当时陆先生因祖父丧未能履任，赵先生即由人推荐与父亲。

1925 年冬天，我到清华不久，赵先生即到职了。想到他第一天见父亲的情形，我们谈起来仍不觉莞尔而笑。他毕恭毕敬远远地站在父亲面前，身体成一百五十度向前躬着，两手贴身靠拢。父亲说一句，他答句"是"，问他什么话，他轻声回答，在远处根本不知道他说些什么。话说完了，倒退着出来，头也不抬一下。我想这个情形，大概就是所谓"执礼甚恭"吧！他对母亲不称表姨母而称师母，态度也是恭恭敬敬的。

他是父亲得力的助手，也是受益最多的学生。他家住在西院十二号，与我们家相距很近，早晚都可前来向父亲请益。父亲有事，只要派人去请一下，马上就到，父亲交代什么事，他都做得很好，因此对他敬业勤奋的态度，很是器重。

父亲去世后，所有书籍、遗作都是他处理的。书籍方面，后来由陈寅恪、吴宓、赵元任三位先生建议，捐赠给北京图书馆①，由赵万里先生整理编目；至于遗作方面，有已刊、未刊及未完稿三类，编为《海宁王静安先生遗书》，并撰写《王静安先生年谱》(后来由上海商务印书馆出版)。

赵万里先生与我有一年的师生之谊。当时弟妹们都上了学校，我由家中决定请他教古文。他替我准备了一部《古文观止》，先选较易懂的，再读较艰深的。他讲解得很清楚，每教一篇，第二天要背，要回讲。他上课时板着脸，我怕在外人面前失面子，因此用心听讲，用功熟读，直到有了把

---

① 1998 年，北京图书馆更名为国家图书馆。——编者

握，才放心去玩。记得有一次念韩愈的《祭十二郎文》，竟感动得掉下了眼泪，这表示我已能全心地投入了。

父亲去世一年后，母亲带着我们告别北京清华园，回故乡海宁。我在海宁从小学五年级念起，以前读过些古文，但从未学过数学，由阿拉伯数字开始学，所以我对念书一直有些自卑；当然年纪大理解力较强，后来虽然能赶上进度，而且表现不错，但总觉得自己因为年长，所以也有胜之不武的感觉。

二、对子女的期望

父亲在遗书中说：

> 五十之年，只欠一死，经此事变，义无再辱。我死后，当草草棺殓，即行稿葬于清华茔地。汝等不能南归，亦可暂于城内居住。汝兄亦不必奔丧，固道路不通，渠又不曾出门故也。书籍可托陈、吴二先生处理。家人自有人料理，必不至不能南归。我虽无财产分文遗汝等，然苟谨慎勤俭，亦必不致饿死也。

父亲的遗言，希望我们南归，生活要谨慎勤俭。他希望我们远离是非，因为他处世一向谨慎、寡言、勤俭，年到五十，还不免被卷入是非，以致宁愿自尽，也不愿拖累家人。

我们几个孩子，在父亲去世后，秉持他的遗训，谨慎过日子，大致也能安然无恙。只有二哥高明，雅好古籍与诗词，也有著作，最后却遭逢不幸，真是令人不胜唏嘘。

父亲去世几十年来，我们几个孩子也没有辜负父亲的教诲。一家人的情况，各有发展，也可以告慰父亲在天之灵了。

三、八个儿女与孙辈

我家原属小康，"洪杨之乱"后，遭逢变故，仅剩薄田二十来亩，老屋一幢。祖父游幕四方，仅得糊口，后经营小本生意，居家课子，并以书画自娱。所以父亲成年后，到上海学习日文，须仰赖识拔扶持他的罗振玉先生来资助，方有机会到日本留学。

辛亥革命后与罗家同往日本，寓居京都，那时的生活也由罗氏相助。不过父亲也为他做了不少事，如整理罗氏藏书、字画等。

1916年父亲自日本返国，任职于英国人哈同办的仓圣明智大学，主编学术丛刊，但薪给不足以养家，罗氏常代为筹划并时加接济。此时父亲为罗氏购集书画古物，自看物、鉴定、讲价、付款，以至包装启运，都是父亲包办。事虽繁杂，他认为义不容辞，毫无怨言。

总之，此时二人还在壮年，所处社会尚属简单，而彼此之间，纯属互相欣赏，共同研究学问，感情是相当纯真的。罗氏以经济安定我家生活，父亲也曾报以专业和劳力的服务；但他内心时存感恩之心，并不轻松。

所以父亲对孩子们的学业，锁定以实用为目标。就业选择待遇较高、工作稳定，将来可过独立的经济生活为诉求。

父亲一生清寒，又不善营生，为致力于学术研究，受人济助，十分无奈，所以希望儿辈不要再走他的老路，能自立自强。将来的学术成就如何，总不及生活过得心安自足为重要。

因此日后大哥进海关，二哥进邮政，三哥、四哥也陆续进了海关，都是朝他向往的发展。我们这一代中，二哥天赋最高，也最爱古籍与诗词，如以他的资质与兴趣，能追随父亲继续钻研国学，日久必有成就。而父亲却无视于他的爱好和秉赋，竟让他进入邮政，以获得较佳的待遇，能独立生活，当是以自己亲身经历到的宝贵经验为鉴。

我们这一代虽无显赫的学历，但儿孙辈亦有多人获得硕士、博士学位，差可称得上书香传家吧。

（一）大哥潜明

大哥出生于 1899 年 10 月，辛亥革命后，跟随父亲与全家前往日本，从小与罗振玉全家也很熟悉，因此，二十岁那年（1918 年）在上海与罗振玉先生的次女曼华结婚。

大哥考入海关，曾在天津海关和上海海关任职。1926 年大哥在上海染患伤寒病逝，父亲极为伤心，但仍忍痛为大哥处理后事。罗振玉来上海，没有预先告诉父亲，即将女儿带回天津娘家居住，让父亲更加痛心。加上罗家拒收海关给大哥的抚恤金，三番两次要退回，父亲更加难过与气愤，不到一年，父亲就自杀了。

大哥去世时，年仅二十七岁，英年早逝，无儿无女，令人惋惜。

（二）二哥高明

二哥高明，字仲闻，生于 1902 年，是我们兄弟姊妹八人中最聪明的。幼时调皮，高中未毕业即因闹学潮遭校方开除，随即考入邮局工作。当时有亲戚在交通大学念书，数学弄不明白，请教他。他把书本前后研究一番，即可教人。

二哥爱好诗词，尤其喜爱研究宋词，他心目中的太太自然是像李清照一般的才女。后来由父母之命为他订了一门亲事，他不想接受，但又不敢违抗父母。到了结婚前一天，依然不见踪影，家中仆人到码头到处打听二少爷到了没有，他却直到半夜才回家。但他也只是以此表达心中对传统婚姻制度的不满与抗议，第二天仍然乖乖成婚。

婚后他是个负责、爱家、爱孩子的好父亲，认命安分。抗战时，他随政府到后方工作，二嫂在上海，急着想去，他来信中说后方生活艰苦，要二嫂留在上海较妥，他一定洁身自爱，决不负她，要她放心。后来证明，他也的确如此。

他在邮局工作受到当局器重，被提升到邮检部门，这在国民党时期属中统管辖范围。因此1949年后，他有特务的嫌疑，虽被留用，只是作为一个普通职员在地安门邮局卖邮票，也许这给了他读书的机会。

二哥幼承家学，从小耳濡目染父亲做学问，他又博闻强记，利用空闲时间继续做起了学问。他的《人间词话校释》《南唐二主词校订》就如"锥处囊中"，终被学界认识。

然而1957年他与人民文学出版社的几位朋友欲办刊物《艺文志》，结果被打成"右派"，邮局因此将他开除公职。

为了谋生，二哥只好四处找工作。这件事被爱才若渴的国务院古籍小组组长齐燕铭知道后，特将他推荐给中华书局总编辑金灿然。于是二哥进了中华书局文学组，但在当时的政治气候下，他只能当一名没有名分的临时工。

1960年前后，时值中华书局编辑的《全唐诗》进入收尾阶段，二哥为该书审核标点。正好此时，二哥的好友词学家唐圭璋编纂修订《全宋词》，唐先生当时在南京，有些资料不易取得，就写信给二哥，请他在北京为《全宋词》补充资料并审核全稿，二哥完成《全唐诗》后，遂接手《全宋词》的校订工作。

初识二哥的人，认为他不过从小受到父亲的启蒙熏陶，基础厚实，但长期在邮局工作，学术上的成就不可能太高。但没多久，他深厚到令人吃惊的学力把编辑们折服了。可以不夸大地说，凡是有关唐宋两代的文学史料，尤其是宋词、宋人笔记，只要向他提出问题，无不应答如流。一句宋词，他能告诉你词牌、作者；一个宋人笔记的书名，他能告诉你作者、卷数、版本。有人戏称他是宋朝人，他不以为忤，反而自得，以后还经常自称"宋朝人"。

在订补《全宋词》的四年工作过程中，二哥写下了大量的宋词考据笔记。当时的文学组组长徐调孚先生一再鼓励他将这些笔记整理出来。

他用了一年的时间，终于整理出了二十余万字的《读词识小》。内容全部是有关作家生平、作品真伪、作品归属、词牌、版本的考订，其严谨和精审，和任何一种高水平的词学考订专著相比都毫不逊色。

中华书局特请钱锺书先生审读，钱先生很快读完全稿，让有关人员带口信说："这是一本奇书，一定要快出版。"但1964年由于二哥的身世背景，有关条例已下达，在《全宋词》上署名尚且不可，焉能出版专著？

1966年"文化大革命"开始，二哥受到极大的打击，此刻，他连做临时工的资格也没了。1969年，在隔离审查中，他喝下"敌敌畏"（DDT[①]），带着遗憾离开了人间。

二哥长子庆端，1926年出生，出嗣于潜明，于八岁时夭折；次子庆同之女友诒为留日博士；次女令三的长女李春为留澳博士，次女李东辉为美国医学硕士，现于美国行医。

三子庆山之长子王亮复旦大学博士，现服务于复旦大学古籍部；女儿王晴是上海财经大学硕士。

孩子们的成就，能否让父母感到欣慰呢？

（三）三哥贞明

三哥贞明，在上海长大，我家迁居北京后，他仍留在沪江念书。1926

---

① 原文如此。似当为DDVP。敌敌畏的英文缩写为DDVP。DDT为滴滴涕的缩写。两者均为对人体有毒性的杀虫剂。——编者

年，父亲要他转学燕京，他才到了北京。

他是家中个性唯一外向的孩子，往往坐不了三分钟，就想往外跑。那时他年少英俊，又是上海来的，多少带点洋气。天生爱热闹，又喜欢开玩笑，所以清华园内年长的、年轻的，都爱跟他往来，真是老少咸宜。

当年北京是北方风气最开放的地方，各国使节均驻于北京，因此西方社交场合的交际舞，已相当流行。三哥对此道也很内行。他的点子又多，年轻人跟他在一起，玩起来都很有劲。

他的朋友中有几个是北京的世家弟子，家中经常有人票戏。文武场面，一应俱全。三哥与他们往来，也迷上了平剧，常常出入各大戏院，也认识了好些角儿，以及爱好平剧的人士。

"王三公子"雅号的由来

三哥与一位唱程派青衣的坤伶新艳秋很熟。有一天程砚秋在某大戏院演出，他偕新艳秋在前座听戏，忽然被某小报记者发现了，于是第二天在小报上加油添醋地报导王三公子与某坤伶如何如何。自此王三公子的名号就叫响了，在清华园内亦不胫而走。

荀慧生演全部《玉堂春》

又有一次荀慧生演全部《玉堂春》，自"嫖院"直到"会审"，连演好多天，清华的戏迷都无法买到票。有人就建议请"老三"去买可能买得到。于是大家凑了钱去找三哥。

他满口答应，第二天特地进城去果然不负众望，前面最好的座位共二十几个，都买下来了。其实那时的戏票，都控制在管事的案目手中；只要与案目熟了，平时出手大方些，就不难买到票了。

新艳秋游清华的小风波

清华年轻同事中，戏迷颇不乏人，他们知道三哥和新艳秋很熟，就要求三哥请她到清华来玩，如能请到，他们愿意请客。

有一个星期天，新艳秋正好没有上戏，就来到了清华园。游览一番后，就请她在西院九号三哥住处吃饭，许多年轻人在一起，难免嘻笑喧嚷，声震户外。

西院总共只有二十来户住家，任何小事立即可以传遍全院。只听说王家老三今天请客，但不知请的是谁。直到客去人散，大家才知道原来请的是当红坤伶新艳秋，那些平时很熟的太太们，都说老三不够意思，与大家引见引见有什么关系，要那么神秘兮兮干什么？最生气的是邵伯母，她是山东人，个性爽直，嗓门很大，平时视三哥如自己的子侄，她愤愤地说："老三真不是玩意儿，就算你王三公子会审玉堂春，请俺看看也是应该的！"

一声倒彩

三哥对平剧的鉴赏，是受到北京那些素养很高戏剧爱好者的熏陶。看戏，重点在听，不论唱腔板眼或是文武场的锣鼓点子，都是他们要推敲的。

有一天，新艳秋在吉祥戏院演出，末第二出是另一坤伶织艳君的女起解。前面一二排坐了十几个年轻小伙子，是专为捧织艳君来的。戏已开演，他们在前面高声谈笑，三哥正坐在第三排，看到他们嚣张的样子，曾轻声嘘过他们，安分了一阵儿，不多久，故态又复萌了。

等到织艳君的女起解上场，他们才稍稍安静下来。这天织艳君有些反常，也许是这些少年们影响了她的心情，唱到中间居然掉了板，司鼓的看三眼已过，正高举檀板，却再也落不下来，同一时间，三哥"通"的一声倒彩已喝了出来，前面的小伙子霍的站了起来，摩拳擦掌地想要打架。

坐在三哥旁边的一位老先生，站起来说话了："他'通'的没有错。"

这时场内侦缉队的便衣（探员）也上前来，一看是三哥。他们本来就认识他，知道他一向循规蹈矩，不喜生事的，于是向那些少年大喝一声："大家坐下，不许闹！"他们一看是便衣，不敢再闹，乖乖地坐下了。

三哥回到每回进城落脚的朋友家，就接到侦缉队长的电话："老王，你向来不爱闹事，今天是怎么了？"三哥说："不是我爱闹事，是那些小鬼太不像样了，本来一点小错也没什么事，织老板只是遭了池鱼之殃罢了。"

第二天，织艳君挽新艳秋出面要请吃饭。三哥说："我又不是冲着你们来的，大家原是好朋友，何必挂在心上呢？至于吃饭嘛，我请你们好了。"

家传秘方

清华园中住的南方人多，大半不会做面食，发面更是拿捏不稳，不是碱放得不够而味酸，就是碱太多了变黄变硬。只有住在西院二十号的邵伯母，做的馒头又白又松，吃起来还有些甜味，完全不像山东大馒头的干硬。她做了常常分馈邻居，大家都很喜欢吃。

有天太太们想学着做，免得常吃人家的。可是邵伯母都是一口回绝，她说："这是俺邵家的家传秘方，不能传给外人的。你们爱吃尽管到俺家来拿好了。"

那时三哥已经结婚了，三嫂也是浙江人，到了北京，已学了不少面食的做法，普通的包子馒头也会做，可是总没有邵伯母做得好。于是三哥想到了一个办法，原来邵家有一个丫头，平日烧饭洗衣，都是她做的，馒头当然也会做，有时也上街买东西。

有一天，三哥看到她出来，就说她们家的馒头真好吃，不知是怎么做的？那丫头不疑有他，就说："其实也没有什么特别方法，只是在面发好后，加些猪油和一点糖，再多多搓揉，蒸出来的馒头，就会又松又白了。"

三嫂对家事本来就很不错，经过一番指点，居然一试成功。朋友邻居们来了，也请他们尝尝，都赞不绝口，并说与邵太太的馒头可以媲美。后来传到邵伯母的耳中，很生气地说："老三真不是个东西，居然把俺的家传秘方也偷去了，总有一天，俺会找他算账的。"等到一见面，三哥和三嫂一吹一唱邵伯母长、邵伯母短的一亲热，天大的气也消了。

终身大事

三哥天生随和，逢到有玩的，他必定参加。所以母亲常说他，白鸽只拣旺棚飞。爱丢东西也是有名的，如手帕、钢笔、手表、零钱等，常常找不到，任何事都大而化之。小事虽是如此，大事却不糊涂，至少有两件事可为佐证。

其一是毅然放弃清华的职务，再去接受税务教育，改行投入海关，使大半生能过较安定的生活。

其二为选择对象。他在北京交往过的女朋友不少，但都是些玩伴，要选将来成为居家过日子的好妻子，绝非此辈中人。他看清了这一点，马上倦鸟知返，趁着寒假回南方相亲。

到了上海，正好见到表哥嫂。表嫂有一个妹妹，中学毕业后，在浙江新登县的一个小学教书，是个非常乖巧的女孩子，正好放寒假在家。于是大队人马到了海宁。那时母亲和我们几个小兄妹住在家乡，见到三哥回家，大家都很高兴。

三嫂娘家本是个大家庭，留在老家的只有她母亲和一兄一妹，表嫂是她家长女。在表哥嫂引见后，双方都很满意。讲到家世，三嫂的父亲是海宁有名的收藏家张渭渔，与父亲原是旧识。他家古董书画收藏很丰，只是三嫂父亲去世太早，遗下孤寡，不知保管，以致珍品散佚，令人惋惜。

在短短的假期中，三哥天天去张家，事情发展很快。每晚回家，高谈当日如何玩，如何吃，拍了多少照等等。眼看寒假快过去了，由表嫂做大媒，先行订婚，到春假再来结婚，并携眷北返。

这种理智客观，在婚前没有掺入感情的婚姻，倒是人间美满姻缘。五十多年来，相夫教子，孝敬婆婆，妯娌姑嫂之间，和睦相处是有口皆碑的。如今到了晚年。后辈都远走天涯，二老相依为命，共度欢乐晚年。这些，全是当年睿智的抉择，换来半个多世纪神仙生活。不信，十几年前，你可以偶尔在台北信义路上，看到一对白发苍苍的老人家，步履蹒跚、相扶相持地穿越马路，可能就是他们。(三哥1905年出生，于1998年去世，享年九十四岁。)

三哥长子庆襄，台大动物系毕业后到美国念生物，博士论文遇火灾烧毁，后改学计算机；其妻郭静珠女士台大外文系毕业后，获美国图书馆研究所硕士。三哥女儿令燕于北一女念高一时由毛神父推荐到美国，后学护理，其夫为化工博士。

(四) 四哥纪明

四哥于1911年出生，在抗战时，曾经与母亲一起住在上海英租界。珍珠港事件后，上海租界也被日军接收了，我随四哥逃难到洛阳、西安，就留在西安教书。

抗战胜利后，四哥到高雄海关任职，母亲和松明妹到高雄投靠四哥，因此，我也到高雄教书。

四哥生活安定，于1978年去世，此后四嫂移居美国得克萨斯州，过着清静的生活，孩子们也各有发展。

四哥有二子，长子庆颐，台大土木系硕士，后来到美国普林斯顿大学获太空力学硕士，住得克萨斯州，任职于美国贝尔飞机公司；次子庆和，聪明爱玩，成功大学材料工程学系毕业后，到美国直接修博士。

（五）五弟慈明

五弟慈明是交通大学电机系毕业，1949年之后留在大陆，因为是工程师，身份单纯，"文革"期间未遭到迫害。或许这就是父亲要我们"谨慎勤俭"的原因吧。

慈明出生于1915年，至2009年去世，享年九十五岁。

五弟有两个儿子，长子庆元，大学毕业，是数学名师；次子五一，大学工程系毕业，女儿令尔是五弟下放黑龙江哈尔滨时所生。三人皆生一女，都非常优秀。

（六）六弟登明

六弟登明，1949年之后也留在大陆。他是教药科的，住在学校宿舍，没有受到什么影响，至1997年去世。

六弟生有三女，长女令之，大学毕业；二女令宜；三女令宏，上海交通大学计算机研究所硕士。

（七）妹妹松明

松明在抗战胜利后，与母亲一起到高雄投靠四哥纪明，因此，也没遭到什么风波，至1979年去世，享年六十二岁。

松明育有二女一子：长女铁珍；次女铁玫，在美国；长子铁珺，逢甲大学毕业。

四、四十年后的香江重聚

我们手足八人，四人已先后辞世，幸存的四人又梦寐般的聚在一起，四个人年龄总和刚好三百岁，但是，牙齿加起来恐怕不足六十个……

人生变化无常，几十年来兄妹聚散，各有一段遭遇。或许离合聚散本是人世间的常事，我们抓住机会，离别四十年后，几位兄妹终于在香港见面了。

早在1987年初，三哥贞明与我就谈到与五弟慈明、六弟登明在国外相见的事。三哥和五弟均已退休，我是一个家庭主妇，随时可以决定行止，关键人物是六弟，他在大陆的一所学校执教，必须在假期中才能成行。

后来接到六弟来信，他只有8、9、10这三个月中可抽出时间，要我们先办好入港手续，并将各种必需文件寄给他们，他们才可办理往港九探亲申请。只要我们订好时间，绝对可以配合的。

那时还没有开放港澳观光，香港方面又无亲可探，只能先办美国探亲，再办出境等手续，日期定在9月中下旬。时间安排得很好，我们9月21日抵港，他们22日也到了。

我们目前的生活情形，他们大半已经知道；而他们告诉我们的，好些都是前所未闻。

此次在港会亲，首先要感谢那位古道热肠的孔先生。他和三哥，只是间接的朋友，平时很少往来；我和两个弟弟，更是与他无一面之缘。这次承他作保、接送飞机火车、安排食宿、指引购物旅游，既贴车钱、又费精神。似这样的盛情，真是使人铭感五中。

五弟从成都坐飞机到广州，六弟由上海飞广州先与他会合，马上与孔先生电话联络，所以我们一到香港，孔先生就对我们说："令弟已到广州，电话中说明天中午可抵九龙，明天我再陪你们去接。"

第二天，不到十一点，就到了九龙车站。每隔一二十分钟有一班车到来，三个人都伸长脖子，找寻两个戴深度近视眼镜、头发一白一黑的老人，可是多少班车到达了，多少旅客过去了，都没有发现他俩的踪影。

快到一点了，孔先生仅凭看过一张照片的印象，先发现了他们，他叫三哥看看是不是，我们回头一看，那个与四哥晚年酷似的，不是五弟是谁？六弟倒没有太大变化。彼此近四十年没见面，都还算坚强，把快要落下来的眼泪，居然忍了下去。

手足八人，四人已先后辞世，幸存的四人，又梦寐般的聚在一起了。从青年到老年，除了外形，没有多大变化。四人年龄的总和，刚好三百岁，而牙齿加起来恐怕不足六十个。在人类来说，年与齿是成反比的。

我与三哥，仍爱说说笑话，开开玩笑，童心犹存，有时甚至有些玩世不恭。他们两人倒比我们老成持重。

大家最关心的是彼此四十年来的生活状况，三哥与我把来台后，母亲、四哥和松妹的逝世，以及我们目前的生活情形，约略告诉他们，大半他们都已经知道了。

而他们告诉我们的，好些都是前所未闻的。如二哥的死，一直未告诉我们是自杀的。原来在十年动乱中，二哥在北京住处被推为街坊委员会的主席，要主动推行各种运动，他已经厌恶透顶，刚巧他的两个朋友被打成"右派"，几次传他去谈话，他服务的书局也不敢再用他。

有一天，家中找不到他。到晚上回家来，问他到哪里去了，他说在颐和园坐了一天；问他为什么，他说他想跳下去死了算了。谁想第二天他真的服下 DDT[①] 自杀了。

二嫂原已行动不便，突然二哥死了，小儿子又被下放到边疆，连连打击，以致精神分裂，不到半年，也跟着去了。虽然事发至今已近二十年，骤听之下，仍不免热泪盈眶，唏嘘不已。

---

① 　见前注。——编者

五弟家的遭遇，尚称平平，他本人是交大电机系毕业，在机械工厂中做工程师，是科技人员，所处环境还算简单，故未遭到大迫害。但在"文革"时，两个儿子从学校下放到乡下生产，大儿子已读高三，二儿子才读初二，原本都是可造之材，却中断了学业。

自此弟媳患了精神分裂症，后来虽恢复了大半，但在中学教化学的课程，难以胜任了，只好在五弟工厂中担任技术员之职。有时情绪异常，连家事也做不了，因此向来最懒散的五弟，竟成了做家事的好手，在港时曾与我抢着替三哥洗衣服呢。

他的两个儿子都很有出息，大儿子一边教书，一边进修，完成了大学学业，二儿子在工厂里工作之暇，把他哥哥的旧教科书，拿来自修，后来在全国性考试时，考上了大学，早已毕业谋得较好的工作了。

六弟较为幸运，他是教药科的，弟媳教生化，住处为学校宿舍，大都是高级知识分子，比较单纯。唯一受影响的是二女儿，被派到工厂从事生产，后来也完成了高中学业，其余两个女儿，都是大学毕业，目前仍在做研究工作。

他们住的都是宿舍，房屋只有三间，无所谓客厅饭厅或卧房，人再多也要挤下去。他们的宿舍，新建不太久，卫生设备倒也齐全。近年来一般人家，对家电用品的欲求很高，彩色电视、电冰箱、洗衣机也都有了，那是因为在大都市里用电的限制较少的缘故。

总之，他们两家，一个是工程师，一个是教授，收入在薪水阶级中，是较高的，加之家中每人都有工作，生活也就好一些。这是此次见面最令人欣慰的一件事。

欢娱的时间总是易逝的，四人起居与共，出入相偕；在香港人见闻广博的目光下，一眼就知道是大陆与台湾来港会亲的，而且毫无差错的指出何者来自台湾，何者来自大陆。

临别前夕，在丰泽楼吃新上市的阳澄湖大闸蟹，原以为他们经常可以吃到，不足为奇。哪知在上海的人，并非年年可以大快朵颐的，一则产物偏重外销，其次为售价昂贵，一家人要吃一次蟹，就得花去半个月的生活费，谁敢轻易尝试呢？

相聚一星期，9月28日，终于送他们登上广九铁路的火车。这是生离，也许是死别，不争气的眼泪，终于夺眶而出，珍重吧！再见！

下 编

王东明的
百岁自述

一、我的童年

那一年，我大概是五岁，松明妹尚未出生，我是家中唯一的女孩。那年代，女孩子必须穿耳眼。

有一天，我看到大人们在窃窃私语，目光时时扫到我身上。我知道一定有什么对我不利的事要发生，我就偷偷的找地方躲藏。我们住的虽然是石库门住家房子，二层楼三开间加厢房的建筑，在当时算是不小的房子，但是要藏匿一个小孩并不容易，不久就被他们找到了，四五个大人按着我的手脚，不管我声嘶力竭的哀号，还是完成了他们的任务。最后母亲拿来一对黄澄澄的小耳环，戴上时，又是一阵挣扎。

我七岁时，母亲怀了六弟登明。临盆前两个月，老家的三舅来探望母亲，回海宁时，把我带去暂住。等母亲坐完月子，再接我回上海。哪知一到外婆家，我就被那种自由自在的气氛所吸引。我变成了受人欢迎的小贵宾，大人宠我，表弟妹听从我，从此乐不思蜀，不想回上海了。

外婆家房子很大，据说是明代的建筑。旁边是个大院子，中段种桑树，前后段种了很多果树，如石榴、杏树、桃树等。等到春末夏初，果树结实累累；桑叶喂蚕后，红红的桑椹也都露出来了。

三舅家的丫头冬梅年龄最大，带领我们爬上树去采摘。可是刚要成熟的果子还是很酸涩，大部分是咬了一口就丢在地上。这下可闯了祸了，大人们发现了这些咬残的果子，结果可怜的冬梅挨了板子，我们这些小萝卜头全都溜走了。

外婆家因为房子大，有两个单亲家庭，一直寄居在空闲的房间中，除了生活自理外，平时休戚相关，犹如家人。钟周两家都是由母亲带着一儿一女，靠女红微薄的收入维持生活。她们的丈夫都是游手好闲、酗酒不顾家的纨绔子弟，男孩子大了就要出外学生意，女孩与我差不多大，我们就成了好朋友。

可是她们没有我幸运，平时要帮着做家事，偶尔溜出来找我玩，回屋就要受责骂。还把她们关在房里，一定要把工作做完，才能出房门。有时我也想帮她们忙，像缝衣边缠线等，却因年幼又没有经验，往往会破坏她们的成品。

舅妈看我爱玩针线，就拿做衣服剩下来的零布，剪成带状布条，教我缝衣带。那个时代（大概是1921年前后）还没有拉链松紧带这类东西，鞋子、袜子、裤子，全都要用布带来系物。除了缝带子，我也会帮着看管炉火，每天都要烧开水，佣人引好火放上水壶，就会叫我："大小姐，请你照顾一下，柴快完了加些柴火，水开了叫我一声。"因此我这个小帮手，也得到佣人的喜爱。

小孩子都爱玩火、玩水。我最喜欢玩打火石。那时火柴已经普遍使用了，可是外婆家的灶下仍有打火石和铁刀。乘人不在时，我偷偷的和表弟妹在厨房打火玩耍。刀打到石上，火星四冒，犹如放烟火；如果有引火用的火绒或"纸吹"① 就可点火。可是大人见到我们玩火，就会捡起木柴来追打。倒也没有闯祸。

后院杏树下，有一口水井，平时洗衣打水都在井边。离井大概有一丈远近，有一条水沟，活水由墙下小洞流出去。我和表弟妹都幻想成是一条长江大河，常常折了小纸船放流出去。我们很想看到它万里长途流到终点；但是墙高洞小，常常为了不能看到它平安到达终点而惆怅许久。有时把身上衣服都搞得湿透了，表弟妹们都挨了打，我总是侥幸的逃过了。

在外婆家我也曾上学。外公潘祖彝是前清的秀才，大厅上设有私塾，教导邻近的学龄子弟，我是唯一的女弟子。

启蒙

外公家中有薄田百余亩，靠收租谷已可维持一家的生计。当时的社会形态，一家之主的男主人是无须工作的，每天邀请三朋四友，谈诗论文，茶馆浴池，悠闲自在。

到了晚年，家中食指浩繁，境况大不如前，因此在大厅上设馆授徒。所收学生自七八岁到十七八岁，都是邻居的子弟。厅堂的三分之二摆了二十来张大小不一的板桌、板凳，位子都是背着老师的；老师坐厅正中靠着后堂门，门上挂着孔夫子像。

大概是秋天吧，外婆和姨妈商量好要送我上学；舅妈和姨妈特别为我包了粽子，买了不少的状元糕（一种米粉压成长条的糕）供在孔夫子像前。糕粽二字谐音高中，含有将来可高中状元的口彩。其实那个时代已经没有状元了，更何况女状元呢。

一切准备就绪，老师已在等候他的外孙女兼学生，同窗们也盼望着行

---

① 纸吹或称纸煤，是用一种粗软的专用纸张卷成像现在吸管一样的东西，着了火，只要一吹，就可以冒出火焰，用来点火。

完拜师礼后分食糕粽。可是左等也不来，右等也不来，原来我在后屋赖着不肯走，几个人也拉不动我。忽然三舅父从厨房拿着一把点着火的稻草从后面赶来，熊熊火快烧到我的后背了；两旁的人顺势拥我往前跑，这一跑就跑到了孔夫子像前。在骑虎难下的情势下，顾不得同学们的哄堂大笑，乖乖的向孔夫子磕了三个头，又向老师行拜师礼，从此也算列入了孔氏门墙。夫子有知，当会欣然接受我这个女弟子吧。

每天早晨上学，必先向孔夫子像行鞠躬礼；放学亦然。所用课本，深浅不一。我念的第一册是《人手足刀尺》："先生讲，学生听，先读字音，后讲字义。"根本不了解是什么意思，反正照本宣卷就是了。

第一天教了新书，第二天要背；背时把书放在老师面前，学生站在桌子对面。书上的字句，看得清清楚楚，哪里是背书呢。大学生念的有幼学、《大学》、《中庸》。老师照书念一遍，再令学生跟着念一遍，根本没有讲解大意或字句；学生们囫囵吞枣，会背就行了。

除了念书，其他课业就是习字。初写描红，开始拿毛笔，好像拿鸡毛掸子，满纸乱刷，往往脸上手上写得比纸上还多；放学回到后堂，像是张飞出场，害得大家又笑又气。描红写得差不多了，就写印版；老师在格子纸上写了范字，学生把范字衬在书法簿纸下，照影描写。最后才是临帖。

在塾中，我是唯一的女生，又是老师的外孙女；年龄虽然最小，却没有人敢欺侮我。今天不想写字，自会有同学代写；溜出去玩，老师发现了，也会有人帮我说谎。有时老师亲自问我，我总是答以外婆叫我去了。这样，保证不会受罚，因为外公最怕外婆了。万一谎话被拆穿了，准要挨几下手心。所以我现在体会到，谎话是被逼出来的，说了实话要受罚，说了谎却可以过关；但是，谎话说多了，迟早要穿帮的。

外祖父的私塾，不久就关闭了，一则是他年老体弱，再则是城内已有学校，大部分学生上新学堂去了。而我呢，总算认识了几箩筐斗大的字，也结束了我的私塾生活。

我另有一个外婆，是父亲前妻莫氏母亲的生母。外祖父继承家业，在浙东经营绸布生意，家大业大，号称莫百万，但英年早逝，遗下一子一女。不久幼子又夭折，族人觊觎他们的财产，群起欺凌孤寡。在不得已情况下，外婆收养了两个养子。但财产已被人瓜分得差不多了。

等到长女嫁给了我父亲，两个舅舅也都在当铺当了朝奉，生活略为好转。可是莫氏母亲又因产褥热而去世，遗下三个男孩。为了这三个孩子，莫外祖母到处为父亲找对象。结果，在亲戚中，找到了潘氏母亲为父亲的继室，她的心才安了下来。

潘氏母亲来归后，莫家外婆曾随我家到北京住过一段时间。仔细观察潘氏母亲秉性为人后，才回老家与二养子轮流同住。

莫家在县城北方约五华里的春富庵镇。外婆住在哪一家，我去时就住在哪一家。我喜欢住在小舅家，因为他们家的孩子比我小一点，有一个丫头比我大一点。她会带我们到屋后小池塘钓鱼（其实是摸鱼）、抓蝌蚪，爬到桑树上摘桑椹。每到吃饭都要到处找人，简直像脱缰的野马。

外婆怕我闯祸，对我家不好交代，就决心替我缠小脚。她说：女孩子家，一双大脚，成了什么样？马上找寻白布，撕成两大条，再煮了热水要替我泡脚。据说泡过热水的脚，包起来易见效。我哭着叫着，最后寡不敌众，终于就范了。大概一星期后，潘家派人接我回城里，姨妈见了责骂我一顿，立刻得到解脱。

在潘家也有些不喜欢的事情而不敢不做，即是替大人捶背捶腰。看到他们坐下或躺下，行动快的就溜走了，走得慢的被抓回来，只能自认倒霉，一边捶打一边还要接受教训。

莫家外婆常带我到寺庙中烧香礼佛。我喜欢听钟磬梵呗之声，而且每次都会买零食给我吃。小孩子么，哪有不贪吃的？

我家在迁居北京前，母亲每年都会到老家探亲，也一定接莫氏外婆来团叙。那一次带着松明一起来。到了晚上，按照以往的习惯都是我跟外婆睡，可是松明硬是要跟我争，吵得不可开交，引来了母亲。结果我挨了母亲一顿责打，原因是大的要让小的。

在外婆家六年多，眼看外婆去世，表妹夭折，家道中落，家人也失去了和谐。因此在1925年冬母亲来接我时，我就欣然随母亲北上清华园了。

二、读书生涯

我家兄弟姊妹八人，没有一个是从小学一年级念起的。大哥、二哥、三哥小时，是在家乡请了一位郑姓饱学之士启蒙的；当时我还很小，只是听说而已。到上海后，三位兄长进入工部局设立的育才公学就读。

那时有一位表伯，长住我们家中，在工作余暇，就教导四哥及五弟读书。到北京后，在城内亦请过老师，只是我不在北京，毫无印象可言。

我到北京清华园时，是在1925年11月中旬，已入严冬季节。那时家中请了一位老师，专教两个弟弟、一个妹妹，父亲没有安排我入塾。直到新年过后，父亲才准备了一部《孟子》、一部《论语》，开始自己教我读书。

每天下午两点，照规定是我到前边书房上课的时候，吃过中饭，我就开始紧张了。前一天教过的新书还没有读熟，指定的一张大字没有写好，于是一面写字，一面结结巴巴的念着、记着。到了两点，捧着书和字，战战兢兢的到了书房。一放下书，就背起来了，但很少是顺利的背完那段书。有时忘了就偷偷的看父亲一眼，希望他提我一句。只见他皱皱眉头，慢慢的提了我二个字。好容易拖拖拉拉的背完书，就要教新书了。有时连提几次都背不下来，就要来日连新教的一起背了。

父亲在讲书或听我背诵的时候，从来不看书本；讲解时也不逐字逐句地讲。他讲完了，问我懂不懂，我点点头，今天的功课就算完了。

不到一年，一部《孟子》算是读完了，接着是念《论语》。这可没有《孟子》那么有趣味了。读《孟子》好像读故事，比喻用得特别多，而且所用的那些比喻，连我这十三岁左右的孩子，都能体会到它的妙处；《论语》却不然，天天"子曰""子曰"，所讲的都是处世为人的大道理，好像与我毫无关系似的。我很羡慕塾师教五弟读《左传》，可是我不敢向父亲说。

这样的日子只过了一年半，《论语》亦只念了一半，父亲忽然去世，全家顿时陷入了无底的深渊，不知如何接受及因应这突如其来的不幸事件。

父亲去世一年后，母亲带着我们告别清华园，回到故乡海宁。我在海宁念完小学、初中。初中毕业，参加会考，本来我的成绩可以免试进杭州高中；但叔叔不肯让我进杭高，因为是男女合校，他要求我念江苏省立松江女子中学。

当时松女的校长是江学珠女士（她来台后，任台北北一女校长，为北一女打下良好的基础，一直到今天，北一女仍然是大家公认最好的女中）。江校长办学认真、严格，重视全人教育。后来抗战时逃难，我能吃苦，与在学时期接受的磨炼有非常大的关系。

在校时有一件事，到今天我仍然没有忘记。父亲过世时，各界致赠的挽联非常多；丧事办完了，母亲舍不得丢弃，都收起来。我和妹妹进高中念书，离家住校，棉被、蚊帐、盥洗用具，全要自备。当时家中经济不甚富裕，能省则省，母亲就要钱妈挑选质料较好的挽联作成蚊帐，让我和妹妹带到学校使用。我们自己不觉得怎么样，但同学们可就吓坏了，因为晚上，白底加墨笔的挽联蚊帐，宛如一座小灵堂。此事甚至惊动了校长，她到寝室来察看，也只能说："很好，你们懂得节俭，节俭是美德。"

当时哥哥、弟弟们上学，用的是白夏布做的蚊帐，我和妹妹却得用家中现成的挽联蚊帐，但我们并无任何怨言，还觉得理所当然。换成女权高涨的今天，恐怕没有女孩子愿意接受这样的待遇。

高中毕业后，1936年考入南京国立中央大学化工系就读。后来抗战开始，学校西迁，就此辍学了。

三、乱离八年

1937年7月抗日战争全面爆发，一方面因为经济因素，一方面也因为战争开始，我在中央大学只念了一年就离开了，住在叔叔王国华先生家。当时叔父任嘉兴中学教导主任，奉命编纂中学英语教科书，我帮忙编书后所附的单词词汇。8月13日，日寇侵入上海，战火逼近家乡。

那年冬天，我和松明妹随叔婶、堂弟等逃难至浙西一带。叔父还带着上百名学生，每天只靠两条腿走路，大约要走六十里。走了几天，饥寒交迫，大家疲惫不堪，逃到于潜县一个小山村，曾在日军逼近时，在山上搭小棚子住了十多天。

山下有户人家让我们烧饭，由年轻人下山将饭菜搬上山。一天只能吃两餐，冬日下雪，天寒易饿，吃完晚餐到睡前已感饥饿，只有忍到次日中午才有饭吃。幸好乡下有花生，花生热量高，没办法时只有买花生，肚子饿了就吃几粒花生充饥。

过了春节，转到桐庐搭小船，顺着富春江到金华。我们所搭的船，船身狭窄，摇晃得厉害，一不小心就像要翻船，大家都战战兢兢不敢大意。沿途看到"严子陵钓台"，这是富春江的主要风景点。在富春江西二千五百公尺的富春山，因东汉严子陵隐居于此而得名。

严子陵名光，会稽余姚人，东汉初年隐士，少时与光武帝刘秀同游学。刘秀即位后，他不愿出仕，遂更名隐居，"披羊裘，钓泽中"。刘秀再三盛礼相邀，授谏议大夫，仍"不屈，乃耕于富春山"，老死于家，年八十。

我由河上看到严子陵钓台高约三四十丈。如此高台，如何能钓到鱼？莫非也像姜太公钓鱼，愿者上钩？

逃难之途，固然艰辛，但一路上，风景秀丽，只可叹自己没有吴承恩、刘鹗等人的生花妙笔，否则一定精彩无比。

1938 年春，从温州到台州海门搭船到上海，此时母亲与三哥、四哥住在上海英租界海防路三〇〇号，我们回到母亲身边。当时我们王氏叔伯两房共二十四人，连佣人、奶妈共约三十余人，挤在五间小房内住，两位哥哥在海关任职，待遇不错，但食指浩繁，再加上物价飞涨，生活也相当艰苦。

1938 年夏，叔父在同乡支持下，于上海英租界集资为流亡失学青年办了一所浙光中学。我任教务员。当时学生多达千人，教职员工人少事多，大家为抗日救国办学出力，十分高兴。后来日本偷袭珍珠港，日寇入侵上海英租界，浙光中学被迫解散。

从上海到西安

1942 年冬，我刚过三十岁生日，四哥和两位税务学校同学，后来又成海关同事的陈先生准备潜往后方。其中一位陈先生，有一位朋友原在上海公共租界巡捕房作督导，日人接收租界后，仍在原单位作督导，他很有办法。我们三家，由陈先生出面，请托他设法办理离沪，沿途到河南商丘、亳州阴阳交界的路条。并在停留地点，照顾住宿的事项。那位督导某先生，开的条件是要带他两个十七八岁的儿子到内地。当时在上海，对于在敌方机构或伪组织工作的人，都叫"汉奸"或"狗腿子"。其实他们中间有不少人也有国家观念的，只是环境或生活迫使他们暂时苟安和屈服。

在出发前，要处理家中什物，除了随身衣物外，被褥铺盖都要带，家具等笨重东西，只能丢了。我在学校存有洋米一大包，是以学校员工的身份分配到的，每次都是用面粉袋装上四五斤，外面用报纸包着，让人看不出是米；否则很难平安带回家的。后来忘记用了什么方法，居然把一百来斤的米带回了家。

当时租界里食米奇缺，流浪挨饿的人又多，巡捕房对抢劫食物及米粮的人，都不会逮捕。我的米一拿到家，邻居知道我有剩米出售，不管米中有多少蠕动的米虫在爬，没有多久，就被抢购完了。

路程从上海北火车站开始，一进车站，就知道此行苦难多。站内有铁丝网围起来的通道，维持秩序的人，手里拿着长长的竹丝扫把，向拥挤的旅客挥打，凄惨喊叫之声不绝于耳。我们买的是蓝钢皮火车，从另门进站，没有受到那种待遇。所谓蓝钢皮火车是很高档的，非有特殊关系的人士是买不到的。这一段旅程是全程最舒适的，车到徐州后，便要等候换陇海路西行的火车。

从徐州很不容易买票上车，一行十几人，行李二十多件，除托运外，提拎上车的仍不在少数。平常茶来伸手、饭来张口的老爷、太太们，都是叫苦连天。车到商丘，下了旅社，整理行囊时，福建陈先生的衣箱内带的日常用品、新买的衣服，被窃一空。这些东西原准备长期抗战时维持生活所需，怎不令人心痛呢！

在商丘等待亳州的消息，因为这是沦陷区的最后一站，驻有一团和平军①。这里没有旅馆饭店，全托付给那位团长及夫人。我们拿着介绍信去拜访团长夫妇，心中不由得想起离开商丘前夕的一幕。记得那天下午，我们

---

① 全称为和平建国军，抗日战争时期汪伪军队的统称。——编者

几个大人出去散步，要经过一个大操场，操场尽头，有一个岗哨，两位陈先生前后都过去了，他们看到前边行人都向日本哨兵行鞠躬礼，他们也行礼如仪，后边四哥却仍然昂首阔步地前进，旁边有一个和平军，突然向前拦住了他，连着打了四哥两个巴掌。四哥嘴边马上鲜血直流，眼镜也掉在地上了。幸亏旁边走过几个老百姓，见状就搀着四哥替他拾起眼镜走了过去。这一幕，在我们见到团长夫妇后消失了。他们见到我们后，坦白地说出了他们状况和心胸，叫我们尽管安心，我们前景是殊途同归的。现在想起来，真是"身在曹营心在汉"的最好写照。

幸有团长夫妇盛情招待，并护送到交界处，谆谆嘱咐一路上注意事项才道别。首先到达当时交通要道界首，地当江苏、河南、安徽交界处，北面靠着一条河流，叫沙河，冬天河水结冰，附近没有大桥，又没有船只可过河，只有等河水结冰，车子才可以在冰上过去。

在等待期间，我却尝到永难忘怀的葱爆牛肉。我一向怕吃牛肉，可是这里的牛肉，味美鲜嫩，入口即化。吃完以后问人，才知是牛肉。

等了好几天，沙河结了冰，车队才战战兢兢的过了河。我们紧张的样子，看在车夫眼里，只觉好笑。

一路上，早起早投宿，所以每天黎明，即要起身。那时已是腊月中旬，我们整理好行李，就上车。三家人，加上两位托带的少年，还有在上海上火车时，又加入海关的两位女职员，真是浩浩荡荡、大批人马。其中最不能适应的是四嫂，从小娇生惯养，上车就冷得要哭。我叫她下车走一段路再上车，她就是不肯下来。我的车上，东西放最多，每天我都步行十来里路，再爬上车，已经全身温暖，精神十足了。

途中吃得最好的是午餐。进了店，河北陈先生总是先叫两样菜：大头菜炒肉丝、虾米熬白菜，吃得饱就可以了。早上吃馒头、酱菜，有一天听说有大米稀饭，真是高兴极了。哪知一尝，竟然是稀面糊上面漂着几颗米粒而已。有一天，到了一个较大的市集，名叫漯河。下了店，伙计说："今天有活鲤鱼，客官要不要尝尝新鲜？"大家听了，高兴得拍手叫好。这时，四位年轻人已经分别去了他们的目的地，只剩下我们三家，一条鱼也解了我们的馋了。

我们的目的地是洛阳，一路上经过不少乡镇市集。有一个在穷乡僻壤的小市镇，居然有些浓妆艳抹的女子向男人抛媚眼。车夫警告我们，有娼必有盗，要我们小心。

到了洛阳，四哥和二位陈先生向洛阳海关报到，办了手续，要在洛阳等候重庆总署的调派令，才能赴任。

我们在洛阳，借住在洛阳地方法院的宿舍，一共有两间卧房，我们和河北陈先生家住一间，房内有两张单人床，陈家大小三人睡一张，四哥嫂二人睡一张，我和侄儿庆颐靠墙边摆了箱子。虽然不够高、不够平，三个月的日子，居然也熬过去了。

在洛阳过了阴历年，我和四哥也曾苦中作乐的游了龙门石窟，又参观了在洛阳的军事训练基地。

派令下来，两位陈先生都被派到重庆，四哥派到西安，我也跟着去了。

四哥在西安海关服务，不久我在西安找到教职，一住就是五年。

1942年后随四哥纪明赴洛阳、西安等地，我在西安中国银行投资的雍兴公司附设的子弟学校雍村小学教书。这所学校在当时算是贵族学校，学生有许多是当地的权贵子弟，教师待遇是银行行员的三分之二，但已比一般公务员高，连省府公务员都羡慕我们。我还可以接济三哥、四哥。我觉得我这一生当别人有困难时，可以帮助人，也是值得骄傲和高兴的事。

抗战末期，有志青年纷纷从军。有一天晚上，校门口来了一群军人，说是要进校园借住。当时校长、主任都不在，我管总务，校工问我可否让他们进来。我说先拿公文，他们说上级交代，各校要接受。我联络校长后，才让他们进校门，并且拨了几间教室给他们住。当时这些青年军尚未正式成军，且多数来自陕西乡下穷苦家庭，卫生习惯不佳；借住了几天离开后，教室、厕所肮脏无比。重新清洗、粉刷，着实费了一番工夫。

他们走后某天，有一位将军到校园指名要找那天不让军队进校门的人。我见到将军后，坦坦然说："我的职责是维护校园安宁，没有上级指示，没有公文，我不能贸然开门。"他听后也没多说，只说我的胆量不小。后来才知道，他就是当时驻防陕南的胡宗南。

抗战期间，青年团举办青年夏令营，学校派我参加。平时我都穿旗袍、半高跟鞋，到了山上后发草鞋，上军训、基本操。新的草鞋把脚都磨破了，幸好有同学换了双旧草鞋，又借给我短衫穿，才能跟大伙儿一起出操。受训时的饮食，也很难适应。馒头又干又硬，实难下咽。有一个同学年纪比我小，她教我把馒头烤过后再吃，果然又香又脆，好吃多了！

受训期间，晚上有小型晚会。有一次邀请文宣部的洪同先生到营中参加晚会，他让我们猜谜，谜题是：有兄弟三人分十七头牛，大哥分二分之一，二哥分三分之一，三弟分九分之一，请问每人可分几头牛？大家猜了半天也猜不着，最后我想出来了，我说你先借他们一头牛，十八头牛就好分了，大哥九头，二哥六头，三弟两头。三人共十七头牛，分完后再归还一头牛。当晚猜中的奖品是请吃馄饨，人人有份。虽然奖品不丰，我还是觉得很开心。

那位文宣部的洪同先生，后来任台湾"清华大学"的教务长。有一回我与他见面，提起此事，他不太记得猜谜这回事，但记得西安南方几十里路外的翠华山，我们受训的地点。事隔几十年，在千里之外，大家又能见面，颇有"他乡遇故知"的喜悦。

受训一个月的时间，获益良多，让我们体会到同学间的友爱、互助、合群、严守规律，对我们日后在社会上待人处事，有极大的帮助。

四、胜利归来

1945年抗日战争胜利，中央政府复都南京。二哥任职邮政总局，公家配有宿舍，三哥一家由山东送母亲及松明妹到南京二哥家团聚。

1948年春天我离开西安，到南京二哥家与家人会合，相聚一个月。刚胜利时我曾探望过她们一次。当时因战争时期物力维艰，棉被、衣服都是破了又补；现在胜利了，把被面换新，又能与亲人团聚，大家的心情都欢乐无比。

我与二哥很合得来。小学时到二哥家，穿了双破布鞋；他说鞋太土，送了我一双皮鞋。我记得当时普通鞋子一双五角钱左右，他却送我一双价值七元的鞋，另外还送我方壳表、钢笔，又问我想看什么书。我想要《草堂诗余》，他问：你看得懂吗？我说：看看也好！他就买给我。他自己又买了渴望已久的商务印书馆出版的《四部丛刊》。他一生最爱看书，因此也喜欢买书，更希望弟妹等爱读书。

抗战胜利后，四哥纪明赴台湾高雄，任职海关，母亲与松明妹不久亦来台投靠四哥。

我在南京时原想找工作，若找到事就定居下来。但二哥不肯用情面麻烦人找工作。我住了个把月，就到上海五弟家，找工作亦无望。当时妹妹在高雄海关、港务局、要塞司令部三个单位合办的子弟学校任教，学校尚有空缺。妹妹写信要我去，我就抱着姑且试试的心情，准备到台湾高雄。

五、前往台湾

1948 年 7 月，我自西安返沪，住五弟家。未久得知台湾高雄由海关、要塞司令部和港务局合办的子弟学校正缺人手，于是决定到台湾来任教。

正好六弟登明在浙江大学任助教，时逢暑假，要和我一起游台湾；当时叔父国华先生在台大任教职，他的小儿子则明要来台探亲，于是三人就成行了。

由于四哥在高雄海关任职，就拜托灯塔主任祁先生照顾我们。他只告诉我们到几号码头搭太平轮，房间上去就有。

太平轮是首航往来上海、台湾的客货轮。幸好我们到得早，有位船上的厨子好心告诉我们，上完货赶紧上船找位子，否则人多了以后就不好找了。

我们三人等上完货立即上船，占了三席之地。船又旧又脏，什么房间都没有。此时，灯塔主任祁先生才带着一家人上船，包括他的父母、兄弟约有六七人，自顾不暇，根本管不了我们。船上不定时供餐，就靠祁先生给的几片饼干充饥。幸好我不晕船，除了腹中饥饿外，还可在船中走动，观看众生百态。二夜一天以后，终于到达基隆港。当时绝对想不到我的大半辈子会在台湾度过。

我们到达台北后，先在叔叔家住了几天；然后到高雄，在海关、港务局、要塞司令部三个单位联合设立的子弟学校任教。那时四哥纪明在海关任职，早已把母亲及妹妹松明接来同住。此时，一家人总算能暂时安定下来了。

六、成家创业

后来经朋友介绍，和从江苏来台湾的陈秉炎相识。1950 年秋到台北私立泰北中学任教。10月与秉炎结婚。

秉炎号景农,原籍江苏盐城。1902年生,毕业于国立中央大学上海商学院会计系,曾任江苏盐城第一任建设局局长,江苏省建设厅、山东省政府财政厅厅长。抗战期间曾任国防部军需署会计处长,抗战胜利后曾任东北行营会计处长、南京市政府会计处长等职,1949年赴台湾任"内政部"会计长。

参加高检考

两个儿子连续出生,教书生涯是不能继续了。在家带孩子、管管家务,且有女佣帮忙,生活是自在的。秉炎是学经济的,他自己不断求进步。看我尚算可造之材,而且经常抱怨自己没有大学毕业,找不到好工作而感遗憾,他就鼓励我多读书,充实自己,因此他买了很多书,大多是跟他会计师业务有关。

先学簿计会计,能记账和看报表,就可做他的助理了。我们开始研究参加高检考,选一种科目较易通过的,就买书准备,结果选定了考企业管理。因为这一科应考的科目比较容易念。凡是"人事管理""心理学""人际关系""经济学"都看过不少书。其他如国文、"国父遗教"等不必念也能考。

皇天不负苦心人,第三次参加考试,总算通过了。有了高等检定考试及格的资历,相当于大学毕业的程度,也可以自慰了。

一连串的理想,也可以说是梦想,在办理永和镇消费合作社以后放弃了。合作社承办"中央"公教人员实物配给业务,我自己也有在景明行米店工作,真是忙得不亦乐乎,哪里还有时间念书去考高考了。

秉炎思虑细密,做事极有计划,早想离开公职,任会计师,让我做助理。我记得最清楚的一件事是他负责调查花莲农会弊案,一卡车的账册,拉回家中,要我帮忙核对。刚开始,不知从何着手,真令人头痛,先生又教我如何核对，这才慢慢的上手了。

1959年春，台北县永和镇成立消费合作社，并代办"中央"公教人员实物配给工作。因是新制度，试办期间，工作繁忙，困难多，但为安定公教人员生活，坚持工作了近二十年。

承办公教人员实物配给工作

当时公务人员薪水不高，和秉炎婚后，我仍在私立泰北中学教了两年书。后来两个儿子相继出生，分身乏术，只能管家了。1959—1960年，陈诚有鉴于抗战时期公务人员为了米粮问题苦恼，便商议要成立"中央"公教人员实物配给委员会，委托各县市农会合作社代办公教人员实物配给工作。

为了让公教人员能在台湾过着安定的日子，"政府"派人赴日考察日本战时的粮食分配情形，并将此一新制引入台湾地区。先生由于工作关系，结识当时的"国大"代表、"监察委员"，便受托在甫成立的台北县永和镇消费合作社中代办此一配给工作。

配给的内容包含米、油、盐、燃料等，皆是重要的民生必需品，影响范围大；又加上是新制度，在当时遇到了许多困难。还记得秉炎曾问我："能不能跟着我吃苦？"当时回答的内容，时隔多年，是记不清楚了；现在回忆起那携手共同奋斗的二十年，想必答案应是肯定的吧。

二十年来，为了稳定此一新制相当辛苦，连午觉都没得睡，举凡请人、管账等事都是亲力亲为。想到手上的实物可是攸关民生，总是时时看顾只怕出了差错，总不能让实物被人给偷去吧？现下想起，若不害臊的吹个牛，自己对当初政府公务人员来台的生活稳定也是有着贡献呢！与先生在工作上的意见不合时亦有之，秉炎是"有笔如刀"，每次看他公文上出现那些较尖锐的字句，总想着叫他改过。

汲汲营营工作二十年，随着消费合作社停办，我们也退休了。当时我已年过古稀，此后两人除在家养老外，亦时常至东南亚、美国各地走动。

打知名度

年轻的时候刚来台湾，人生地不熟的，语言习惯也不太一样。刚见面的人总习惯问句："你贵姓？"我说我姓王。对方就说："啊！是王太太哪！"我总觉得有些疙瘩，应该叫我"王小姐"才是，不免又费上些口舌订正一番，说自己先生姓陈，要叫太太的话应是"陈太太"才对。这种情形不少见，此后我的称号总是"王太太""陈小姐""陈太太""王小姐"的，好似个模棱两可。自己倒是无所谓了，先生秉炎却是很不开心，每每听到我介绍自己姓王，就说我是自己打知名度，颇不以为然。

急性子

先生是急性子。有时候意见不合急起来，讲话不好听时，我就停止与他对话，来软的。等先生稍微冷下来了，总喜欢调侃他说："唉唷！要是有台照相机能把你刚才的样子拍下来给你看看才好喔。"

1982年，消费合作社停办，我们也就正式退休，那一年先生八十一岁，我七十岁，皆已年过古稀，在家休闲养老。除了整理父亲遗物外，有时去东南亚、美国、大陆旅游，探亲访友。

1990年，秉炎在台北病逝，享年八十九岁。结婚四十年恸失老伴，曾亲题挽联一副，恰可表明夫妻相处之情形：

四十载恩爱俦侣问经请益犹师友，原期白首遨游四海作双仙。
三五年缠绵病榻侍汤奉药似弟子，遽尔驾离遥望九泉泣孤鸳。
景农夫君　冥鉴

妻东明　泣挽

先生过世后，为排遣哀伤与寂寞，订了一个五年计划，上半年到大陆，下半年去美国。大陆有弟弟、侄儿、堂弟等人，都很亲，大家也对我很好。

美国有住在得克萨斯州的四嫂。她在美国也很寂寞，见到我很高兴。我在四嫂家一住就一个月。然后到马里兰州儿子家。六弟夫妇也从大陆到美国来玩，大家在美国相聚，非常热闹。

与儿子间的相处

我的大儿子镇宇个性外向，对经商颇有兴趣，虽然财运不旺，倒是所生三个儿女，大的已学业有成。女儿家怡，在英国读完大学回国后，曾在"中央研究院"工作两年。因感觉到同事中多拥有硕士博士高学位，怎能与他人竞争，因此再入中兴大学生物科技所念硕士学位，现在台大医院担任研究工作，亦曾在台湾大学动物学研究所读博士学位，后因工作繁忙，暂停学业。儿子家立在英国大学毕业，又念完企管硕士。在上海成家后，从事房地产工作，小有成就。

我的小儿子镇乾从及人小学毕业后，考上大安中学，后来考上建中，在中兴大学念的是企业管理一类的科系。秉炎一直要他到美国去念书，但他就是不想去，功课又不是顶好，总爱玩，偶尔打打保龄球、溜溜冰，考试只求及格。后来去美国念了个企管硕士和会计硕士，认识了媳妇赵飞飞（名报人及名小说家赵滋藩先生之女）。媳妇读生化的，相当用功，我从没看过这么认真念书的人，等拿到博士后，美国方面对生化热潮退烧了，找不到合适工作。后来我补助他们生活，让飞飞去念法律，做了律师。业务还挺好的，但就是有点太忙了。我还曾建议是不是不要接这么多小案子，接些大的就好。两人说不行啊，不从小的开始做起哪有大案子做。后来有次去加州出差，媳妇传染上新流感，拖了一阵子便走了。小儿子觉得没人比得上媳妇,没打算再婚。想他现在也才五十多岁,我总劝他不要这样,以后若没有老伴挺寂寞的。唉,他人生也还算顺遂,媳妇要是不死就很好了。

秉炎有一个弟弟名秉齐,家住台北,娶妻贤惠,生有一子二女。除长女嫁与台商移民加拿大外,次女亦住台北。他们二老与长子三代同堂,是个幸福的家庭。我和他们相处融洽、和睦,他们都很照顾我。平时我们虽少相聚,但逢年节都能找机会见面,尤其是秉炎的生辰或死忌,他们必来祭拜或同去扫墓。我偶生病或跌伤等意外,一听到消息,就来照顾。

七、欢乐晚年

1995年一个偶然的机会,我到老人会开始学京剧。当时有一位票友张少芸女士,很热情的招呼我,并且介绍后来任教于复兴剧校(台湾戏曲学院的前身)的贺肇黔老师开始教我唱戏。启蒙戏是《凤还巢》《女起解》。我学一段,唱一段,兴趣越唱越浓厚。除老人会外,又参加了在民生社区活动中心的票房,最多时一星期有五个票房,并且一直唱到现在,成了我老年生活最好的精神寄托。

八九年前,有一次不慎摔了一跤,不方便出门,改在家中吊嗓。大陆来台的许多名琴师都曾在我家成立的票房中为大家说戏吊嗓,如宋士芳、赵惠兰、吴文疆、马履霜、胡连祝等。

我初学青衣,年纪大了以后,调门越唱越低,小嗓几乎发不出音来。老师们建议我改唱小生,学了《辕门射戟》《罗成叫关》《杨宗保》《小宴》等戏。后来又唱老旦戏《钓金龟》《徐母骂曹》《打龙袍》。现在又学言派老生,《卧龙吊孝》。这是一出高难度的戏,不容易唱好。但我觉得学唱戏,可刺激脑神经，不易退化，又可运气、锻炼身体，可说是老年人最好的消遣。

我的另一个嗜好是收集各国的硬币。刚开始是儿子、孙女们从国外回来，给我一些该国的硬币，我收藏起来。后来越积越多，我就把它们分门别类保存，进而了解该国的地理位置及风土人情，相当有趣。别人常说我年近百岁，还能保持头脑灵光、思虑清晰，我想永不止息的学习新事物，应该是最好的方法吧！旅游、唱戏、收集硬币，丰富了我的老年生活。

晚年生活中，有个人不能不提，她是先生在大陆的原配夫人的妹妹。我和秉炎结婚不久，他接到前妻老丈人的来信，要我们照顾他的小女儿，因为她们母女二人来台，在军中电话班做事，待遇微薄，女儿又有病，生活实在不易。先生问我的意见，我说该照顾就要照顾。当时我们自己待遇也不多，每个月贴补她们五十元，过年一百元，直到姨妹女儿考上了中兴大学。她常说要不是我气量大，她们不会有今天，女儿也不会学业有成。

秉炎过世后，姨妹帮她女儿带两个外孙，有空就来看我。后来外孙大了，她有时一来我家就住好几天。她身体不太好，手会抖，做事也不方便，我就要她搬过来，与我同住，两人也有个伴。但不幸在前几年因病过世。她的女儿直到现在仍然经常来看我，情同母女。

老年的到来，并不突然。从下一代成家独立开始，离开了老巢，另觅新枝，亲子之间，生活的互动少了，只有亲情的牵挂仍在，需要自己调适。

我的老年生活，是从老伴秉炎去世后才开始。他生前多病，一直是我在照顾他；一年总要住医院好几次，因此我对医疗看护的常识不算少。他走后，我就把照顾他的经验，用来照顾自己。

五十岁，正当盛年，我已发现有心脏病、高血压、高血脂等老年病。多少年来，我一直是定期看医生，按照医生的指定服药，发现有异状，就要找医生。多年来伤病常有，只是每次都能痊愈，近乎复原。亲友们都认为是奇迹，而奇迹的背后，有不少不足为外人道的辛酸、坚忍的历程。

我的老年生活有几个特质：

一、守时：与人约必定准时赴约。早到几分钟，也不能让对方等待。

二、有规律：每天六时起床，七时用完早餐就看报。中午十二点午餐，看电视新闻，午睡。二点后，处理杂事，洗澡打打电话，室内活动。六点晚餐，看电视新闻八点档节目，完后即入睡。

三、保养：每天定时量血压三次，每次都记录在专用的本子上，如高血压、低血压、每分钟心跳数。现在又因血糖稍高，每两天验一次血糖。每月固定看医生时做统计表给医生参改。有那么多的老年病，都和饮食有关，老人对脂肪多的食物不要多吃但不是不吃，总之营养要平衡，偶尔也该适度的满足一下食欲。中国人最爱进补，我除了医生开的药，决不接受他人的推荐或赠送的药物。

四、从事自己喜爱的活动：如听京戏、玩骨牌。中国人玩的天九牌，本来是赌具，要是一人在家无聊，玩起来很有意思。如最近电视上演《三国志》里边好几段在牌戏里可以玩，如"过五关""斩六将""七擒孟获"，既可解除寂寞，又可防治"老年痴呆"。

人老是人生的过程，应该要自我调适，千万不能逢人就诉苦，把不愉快的情绪转移给他人。人是互助的动物，实在需要帮助的时候不妨直说，只要合理，会如愿的。我有一位老朋友曾说过，他的身后之事，已经安排妥当，连坟墓都已建好，此后不必再求人了。我对他说："最后总不能自己爬进坟墓吧？"

现在的生活

虽然只有自己与外佣住一起，说实在并不寂寞。这位外佣也陪着我五六年了，能找到像她这样好的不容易。一直来往的还有位帮忙烧饭的，也十五年了；本来请了外佣应该是可以不雇了，但总念着多年情谊，还是照样请他来烧菜。载着我四处来往的司机也十八年了，都像自己人，有时聊聊天就像与同学一样。先生第一任太太的妹妹，有个女儿，也从"经济部"退休了，现在一个星期来这里三次，与我作伴。

做人不容易，话到嘴边就留一点，别让人下不了台，老了也可学点"老奸巨猾"。

一、松江女中

初中毕业，到杭州参加会考。我是第一次到杭州，就被它美丽的景色迷住了，很想此后三年的生活能在这里度过。考试结束，我对自己的成绩自信能免试入杭州高中（省立），可是回家后经叔父和母亲一商量，决定要我投考江苏省立松江女中。理由是叔父曾在松江女中任课两年，学校中教职员都很熟悉，尤其是对江校长，信任敬佩，把我托付给她，是最好的。

从海宁（现称盐官镇）到松江，乘火车前，先要坐一段小船，长安和斜桥都有车站，这段水路大概都是十八华里。再坐火车大概两个多小时可到松江车站，离学校还有一段路。叫黄包车到松江女中，车夫拉到县政府门前说是到了；原来进了县府大门，才是学校。

第一次单独出门，心中难免惶惶不安。离家前，叔父写了一封信托陆维钊先生为我作保。哪知陆先生还没有到校，我正在彷徨无主，一位留着"仁丹"胡子的先生问我有什么问题。我告诉他要找陆先生作保人，他就接过叔父的信说："交给我吧！"后来才知道他是我们此后三年的导师，孟达成（德基）先生，而且自动替我作了保。

初次见到江校长，她带着礼貌性的微笑，但仍使人感觉到威气逼人。时间久了，才发现严肃的外表下，隐藏着关心和爱心。

我们这一级，有初三直升高一的，也有公开招生的，新生大概有七八十人，以国文成绩分成甲乙两组，英语数学也以程度分组。我都在甲组，上课不必换教室和老师，英数两门必须两组同时上课，同学交叉换组也很方便。

每天早上七点起床钟响了，大家匆匆忙忙穿衣梳洗准备上操场升旗早操。操场上前面早站着各班的导师在等待，学生站上排定的位子，老师就先检查服装仪容，然后由体育老师或指定同学喊口令升旗早操。一声解散，那一群小鸟就一哄而散奔向饭所吃早餐去了。

我们共有三百名左右的学生，大概百分之九十都住校，三餐都在大餐厅吃饭，老师也排在里边。江校长和总务主任等，常到各桌巡视；碗筷不可碰撞，咀嚼不可出声，公筷母匙必须要用。这么一套用餐规矩，有些同学过了一学期还没有习惯。对我个人来说，倒是使我受用不尽，因为我进入社会后，常常过的是团体生活。即使现在只有少数人在一起用餐，这个习惯也没有改变。

松江女中有一个传统的习惯，即是同学在校时，可携带零食来校，存放在一间屋子里，叫作"食物间"。每天上下午两堂课后，由训导处派人开门，存有食物的同学一拥而进，一反平时食不语的规定，热闹非凡。

江校长每学年必有一次各班级讲话，尤其讲到与异性朋友交往要注意的事项，交友不慎吃亏的多半是女生。那个时期社会形态没有现在开放，同学们都能虚心受教。以目前社会风气来说，青年人的生活教育，更是重要。

中学生，最爱为人取外号。我们导师孟达成先生是我们甲组英文老师，上课时从不露笑容，总是板着脸，我们在背后都叫他"铁板"或孟铁板。他是圣约翰大学毕业的，教课认真，同学都对他恭恭敬敬的。其实他也有轻松的一面，好比在同乐会时，有一次，他扮演一个乡下妇人，头上戴着一个左右两片的帽兜，挑着一副担子，前后左右的摆动着，真像京戏里的丑婆子，非常逗笑。抗战初期，听说是被日本人逼死的。

有些外号就不太好听了。如我在高二时，来了一位训导主任，个子高高的，又有些肥，就叫她大公鸡；晚上查房间时，常爱用手电筒在背后闪光，因此又叫她萤火虫。另一个黄姓训导员，寝室盥洗室的整齐和清洁，都是她管的，常常会啰里啰唆的找麻烦，因此就叫她黄狗。有一天晚上，灯已熄了。主任带着训导员巡房，在房内走了一圈，忽听有人轻声说："是鸡还是狗？"第二天，主任就叫同室人去问话："寝室里哪来鸡和狗？"被问的人忍住笑回答："我早睡着了，什么也没听到。"

我们平常上课，靠走廊的门窗都会打开，校长常会从后边无声地往前走。同学如果做课外的工作，如织毛线等，不久必会叫去个别谈话，但对教师决不打扰。

江校长对日人入侵中国的野心，早就警觉到，但不能公然表现反日的情绪，以免日人找借口挑衅，因此以爱用国货来抵制日货。进入学校大门，有一排建筑，为学校办公室和教职员宿舍。中间有一通道，里边摆着一个玻璃柜，陈列着各种舶来品的衣料，劝人要用国货料子做衣服。她自己以身作则，不管在任何场所，都穿国货。

抗战前，松江女中对抗日的准备工作，不遗余力。学校能从事的，首先是锻炼体力。学校规定每星期日上午必定有远足，从开始五华里逐渐增加，最远的是龙华火车站，已经到了上海了。徒步走了六十华里，回程是坐火车了。

校中体育课，除徒手操球类活动外，每人都要练习爬绳索。学校的大礼堂，是一很简陋的建筑，但梁柱是很结实的，下雨时是风雨操场，纵横的梁柱都露在外边。每人必须要从梁的一边爬到另一边，然后缘绳而下，少说也有三四公尺高。多数人两手掌和小腿都会皮破血流，棉袜都会磨破。

睡到半夜，忽然紧急集合的钟响了，同学们从梦中惊醒，摸黑寻找衣服穿好鞋袜，冲到操场，按照早上升旗早操的队形排队。老师们已先到，灯光亮了，检查队形服装，到第二天升旗时，有老师评述各班的优劣和应改进之处。

体能的训练，对旁人功效如何，我不得而知，对于我真感到获益匪浅。1937 年，我与松妹随叔父家人在浙东流亡；1942 年，随四哥嫂从沦陷的上海投奔后方的西安，这一路的艰苦困难，要没经过磨炼，是很难适应的。

到了台湾，首先联络到江校长。松江女中来台的师生，最早有四五十人，每年松江女中校庆，都在校长一女中官邸聚餐。如今老成凋谢，所剩无几了。

江校长姊妹三人，长姊江学瑜，在松江时任体育教师，个性爽直，学生敬怕她三分。三妹江学琇，同济大学医科毕业，来台后担任一女中校医。三人均独身终老，不求个人及家庭幸福，尽其毕生之力，贡献给国家和社会，使我们感动又感恩。

二、忆孟师达成先生

先师孟达成先生，讳德基，江苏青浦人，圣约翰大学毕业，1931 年左右，在江苏省立松江女中任教并兼教务主任。那时我刚从浙江海宁县立初中毕业，按全省会考的成绩，本可免试进入杭州高中或杭州女高，可是先叔父国华公坚持命我投考松江女中，因当时校长江学珠女士与先叔父共事有年，对她的办学精神及抱负，了解很深；把女孩子交给她，不但学业方面可以放心，对将来立身处世之道，亦必有所助益。

第一天报到，领了应填表格，去找叔父的好友陆维钊先生作保。可是从中午问到傍晚，都不见他的影踪。那次是我初次单独出门，急得我眼泪都快流下来了。正在彷徨无助的时候，只见从教务处出来一位留着短髭的先生，问了我的姓名，并问我找陆先生有什么事，我说是找他作保的。他把保证书接过去，只说一声交给我吧，转身就进去了。本以为他要交给陆先生的，后来才知道是他自己替我作了保。他，就是先师孟达成先生。

开课以后，他教我们英文又兼导师（每班有两位导师）。他上课时，必先指定预习课程；首务查明生字、词组、习惯语，然后整句的意义及全文大意。第二次上课时则一一提出问题，如解答错误，再加指正，然后范读一遍，再令同学分段朗读，纠正发音，最后才分析文句的构造及文法上的问题。所以上他的课，一点不能取巧，课前的预习，要下很大的功夫；课后的复习及熟读，更是含糊不得。

他上课时，脸上从不显露笑容，因此有"孟铁板"之雅号。同学们背后都这样称他，他也明知而不以为忤。但他也有轻松的一面，同乐会上，谈笑风生，妙语如珠。会中有一位同学唱"教我如何不想他"，他就站起来说："她唱的这个他——人字旁的他，不是女字旁的她。"引得大家都哈哈大笑。又有一次化装聚餐，他装成一个村妇模样，真是维妙维肖。每当开完会唱校歌时，众多女高音中，夹着他宏亮的男中音，唱到"振我女界，巩我党基"时，大家都会窃窃私笑。

他对同学，督促很严。晚间有两小时自习课，他常坐于讲台上，批改作业或看书，对英文有问题的学生，则给予个别解答。当时我们虽已是高中学生，仍是一群淘气的孩子，喜欢起哄。记得有一位教地理的侍仲冀先生，是江苏海州人，对地理很有研究。他讲的是海州官话；班上大部分的同学是在江南生长的，对于国语，因江校长平日提倡不遗余力，尚能听懂，其他方言，能懂者寥寥无几。只要侍先生一开口，大家就嚷着说听不懂。有一次吵得实在太凶了，他竟挟着书本，忿忿地出了教室，说再也不教我们的课了。我们正在教室里嘻嘻哈哈的笑他生气的模样，哪知教务处的工友已经来了，指名说是孟先生叫我去。那时我是班长，无法推脱，只好硬着头皮去了。我本以为这一次一定要吃一顿大餐了（受责备），一路上盘算着如何应付，谁知孟先生却很温和的说："每个人因生长地方的不同，各有各的方言。如能用心听讲，必定也能听懂，况且不懂还可以发问。现在我想请你代表全班，写一封悔过书，恭请他继续为你们授课。"我一向怕软不怕硬，平时铁板着脸的他，令人难以接受，如今好言相向，虽准备好满腹的应付、抗拒的方法，竟使我无法施展加以拒绝，只好乖乖的去写悔过书了。

三、浙光旧事

抗战初期，叔父国华先生在上海公共租界里成立私立浙光中学且任校长。校舍为租用四马路上科学仪器馆的三、四楼为校地，因陋就简，不太像学校；但是教师中却有名师不少。最出名的两位另类名师，至今记忆犹新。

一位教数学的老师，在租界中的私立学校，差不多都有他的课程。他对高中的数学教学，具有专长。许多程度差的学生，经他一指点，就豁然开朗、兴趣盎然了。因此学生喜欢，学校也欢迎。上课时间之多，真是骇人听闻，有时一天排课八九小时。据说应付时间的问题，他的法宝是"迟到早退""轮流请假""假日补课"。数年下来,没有出过差错。这位名师,如果晚生七十年,以目前的社会形态,必定名利双收,成为某些阶层的权威了。

另一位是体育老师。教体育最起码要有操场;没有操场,英雄就无用武之地,但是体育课是中央教育部规定的课程,租界中行政治安都由当局管理,但是私立学校仍可由中央教育机构控制和指挥(可能是暗中监督),因此排了体育课。只能在课堂里纸上谈兵,上课也就随便了。

体育老师姓张,家中有五个孩子,食指浩繁。当时日本人对租界控制食粮的运输,居民常常会买不到米,人多的家庭尤其恐慌。张老师家收入不丰,贮备粮食是件大事。

租界当局因有鉴于粮食对居民的生活影响和治安的维持关系太大了,因而购得大量米粮,平价发售给居民。张老师都会去抢购。先向学校请假,身上穿了三四件单的长衫,排入购米队伍。有巡捕来维持秩序,工作人员在每人肩下衣服用粉笔编上号码,即可按号码等候买米。张先生排队时,先与前后队友闲聊拉关系或奉上一支烟,再告个罪要离开一下请他们帮忙保留空位。赶快到后边再占位。这样如法炮制,可以占到三四个位置。

编号开始,站上前边的位置等管理人员编了号,赶紧把外面的长衫一脱,再到后边插入原占的位置,等编第二个号。这样可买到三四份米,暂时可以缓解他们一家的民生问题了。

珍珠港事件后,叔父国华先生辞了校长,奔向后方我们政府所在地;除妻儿外,并携带六弟登明同行。临行前,他做了一事至今还使我感到一个真正教育家的可敬。

抗战初期,我们家就是难民营。大部分人是由上海华界逃到租界,租房子先要顶让费,而且是以金条论价。我们好不容易从二房东手中租到约

四十坪 ① 的二楼，那时二哥高明跟着邮政总局到了内地，母亲跟三哥贞明夫妇、四哥纪明夫妇和三个小孩住进了海防路三三〇号。接着二嫂带着五个孩子从南京来避难。

第二年（1938年），叔父母和两个堂弟、我和松明于浙江辗转抵达上海，加入了这难民营。更常有亲友从家乡或沦陷地区，到我们家来落脚，再找安身之地的。其中一位近亲，没有念过多少书，从小在交易所学生意，战事开始他就寄居我家。

他大概是自尊心很强，总想赚钱自立，脱离寄人篱下的生活，于是染上了赌博，赌输了就喝酒浇愁。叔父看到这个模样，就找他谈了几次话，劝他不如去学一种手艺，将来一技随身，必可衣食无虞。正好五弟慈明从交通大学回家，四哥下班回来，讨论一番，觉得目前交通发达，如果学汽车修理，必有出路。于是弟兄俩愿意一起陪他去学。结果兄弟俩半途而废，他却成为优秀的工程师，也可以说是受叔父"言教""身教"的影响。

在上海的日子，虽然有些像难民，可是也有人多热闹的乐趣。最使人难忘的是包饺子、打牙祭。家中三嫂最能干，只要她一提今天吃饺子，马上就欢声雷动，不断喊赞成。其实辛苦包饺子的是一伙人，专门抢吃的是另一伙人。参加工作的人七手八脚地和面、做馅儿、擀皮子、包饺子，各有职责。我和三嫂擀皮子，其他人负责包，生饺子一盘一盘往厨房送；另外一桌围着食客，专吃的。煮好了，一盘一盘送上桌，一会儿，风卷残云，盘底朝天，等待第二锅饺子的来临。我们动手做事的人虽然辛苦，但看到大家兴高采烈的享受美食，到最后只能吃到破的、冷的，但却感觉到很有成就感。一点点辛苦，却能给这苦难中的大家庭带来一股欢乐和谐的气氛，是值得的。

---

① 坪，我国台湾地区常用建筑面积单位，1 坪 = 3.3057 平方米。——编者

五弟六弟还在上大学,我和松妹只找些家教,赚些钱作零用。有时等着三哥四哥发薪水,就提议去饮茶,偶尔两个嫂子也去。那时上海南京路有一家广东茶楼,比较平价的,叫做大三元。我们正好坐一桌,大家尽兴地吃,空盘堆得高高的。等到结账,两位兄长的口袋,总有一位要失血。

叔父名国华,原字健安,后改哲安,叶氏祖母生,上海圣约翰大学毕业,曾任浙江省立数中学教职,抗战后曾任山东大学、浙江大学教授,来台后在台大外文系任教。他是一位杰出的教育家,来台知名人士有不少是出自他的门墙。

他有四个儿子,没有女儿,次子叔铭在美学药多有贡献。他对我非常疼爱,犹如亲生女儿。我也不负他所望与三哥嫂照顾他们老年生活;临终最后一刻,也唯有我一人送他寂寞离去。

四、粽子"外交"

1950年10月,与秉炎结婚没多久,就准备过年了。他当时担任"内政部"会计长,闯荡官场不少年,有逢年过节送礼的习气。正愁没有钱送年礼,我说我会包粽子,再搭配些水果,送送老长官和积欠的人情。他有些不相信的说:"好!希望你真能包,试试看吧。"就此包起了第一次粽子。哪知居然一炮而红。

那些长官故旧,人人称赞,并预约下次再尝。从此会包湖州粽子的陈太太,也出了名。

秉炎的工作多次转换调动,我的粽子也跟着转移阵线,旧雨新知,都能吃到我的作品。有些同事朋友吃了以后,很想向我买些分享亲友。我因碍于情面,请他们先登记,然后以成本价代制。

有了这次代制的经验,引起我们制作销售粽子为副业的构想。有了这个念头，我们就到当时已有名气的"九如"点心店去试吃观察。他们卖粽子，也卖其他点心。店员好几个，桌椅的排放，都不是易事。单凭我们两个肩不能挑、手不能提，又没有经营小吃店的经验，如何成得了事，只能暂时放弃了。

秉炎曾在"行政院"配给委员会工作，担任主计组长。在政府机关任主计工作是执行预算，为政府看守荷包，很容易得罪人。曾有一位同僚，上了一个请求修理毛笔的签呈，因为当时公务机关书写公文书仍用毛笔，不过一支笔要用多久，有规定时间。经过这一次上签呈修理毛笔的闹剧，他觉得做公务员实在乏味，决心挂牌做会计师了。另外并在民营公司担任董事会的秘书。

1959 年中，永和成立了永和镇消费合作社；不久，"中央"公教人员实物配给（永和地区）委托我们办理。合作社成立，秉炎当选为理事主席，我担任经理。配委会的主管人员，原是秉炎老同事，向来结有"粽子"缘，现在因业务上联系接触，每年都有一次粽子大会。大会上，老同事、新伙伴，欢聚一堂，回家时还可以带几个回去，与家人同享，真是皆大欢喜。

说起粽子，我心中总存在着一份歉疚之心，至今未能释怀。配委会有一位山西籍员工，他姓晋，因为他的姓，正是他的籍贯，因此印象很深。他喜欢吃我包的粽子，每次聚会必有他在座。我母亲在 1964 年去世时，他因非常崇敬我父亲，曾到母亲灵前祭拜，我很铭感在心。从我七十岁退休后，当时台湾经济突飞猛进，生活大大改善，对台湾早期生活所需的东西，已不需政府统筹配发，因此配给委员会撤销了，旧时工作伙伴也于是散了。

有一天时近端午，我忽然接到一通电话，要找合作社的陈太太。他说他是晋某人，多久没有吃到我的粽子了，如今病了很久，胃口不好，可是想吃我包的粽子。他并说病房没有电话，他是爬着到公用电话打的。我告诉他我老了，已经多年没有包了。只能不断的向他说对不起，不久听说他去世了。到现在心中对他的愧疚之感，仍挥之不去。

粽子生意没有做成，但对人际关系的改善是有帮助的。当初想创业时请当时有名的政要题的字，只可当作古董，作为纪念了。

五、宗教

我对宗教，一点也不热心。小时候，在家乡常跟莫家外婆，到各处寺庙里烧香拜佛。"阿弥陀佛"已朗朗上口；心经、金刚经，也能跟着念诵，但是我与佛门无缘。外婆虽诚心诚意地引领我信奉佛祖，我只是想去赶热闹、吃零食，对神佛毫无感应。

庙里和尚念经，有很多乐器伴奏，如钟、磬、木鱼等，都是控制节奏的打击乐器，开念时有如演唱会，相当动听的。

抗战初期，我的好同学钮庭方在上海的协进中小学教书。该校虽非教会设立，但教职员都是虔诚的基督徒。她劝我信教，我因附近教会传教的方式太过夸张（常常穿上白底红字写着"我是罪人"字样的背心，在街上宣传），起了很大的反感。不管她们怎么劝我，都不能打动我的心。

我结婚的第二年，秉炎在"行政院"主计处的同仁发起到乌来郊游。我们的管家是山东人，会做馒头和卤菜，因此叫他做了不少馒头和卤牛肉。大家吃得很高兴，等到要回家的时候，还剩下不少，我请大家多吃一些。哪知旁人都客气，秉炎却大块大口的吃。到了晚上，他就开始呕吐，不停的恶心，后来吐出来都是血了。我情急之下，只好叫管家把住在附近的三哥贞明找来，并请来一位近邻的内儿科医生急救，总算把他暂时安定下来。

六十来年以前，一般人的常识：男人吐血，是最严重的征兆，随时都会出状况。虽经三哥举证：某人曾吐血几次，现在还活得好好的，可是我心中还是忐忑难安。当时三嫂和她女儿王令燕、儿子王庆襄已受洗为天主教友。我看到他们，心中有信仰，生活得平静安详，不禁也想找一根精神支柱，来做我的依靠。

偶然的机缘，认识了牛若望副主教。他那忠厚长者的外貌，使人信赖之心油然而生。我就开始请他讲道，接着秉炎也一同听道。最后还经过考试，才许我们领洗成为教友。

我虽然是多年的老教友，但自我反省，却不是好教友。六十年教友生活，除了自以为坏事不做以外，平时少念经、不进堂；教友应守的本分，都没有做到。

凡是遇到紧急事情，我必定先求天主救我、帮我。我想天主的宏量，必定会原谅我的。

六、北京七日行

北平改了北京，对我来说，没有什么新鲜的感觉，因为在我 1928 年离开时，它就是叫北京。此次回去，是想找回六十多年前北京故居的影子。我不是生长在北京，而且真正古老的北京，我也不太熟悉。我只是在西郊清华园那个小圈子里做了两年多的过客，谈不上是寻根，却有寻根的感觉和冲动。在清华园，我曾有过一段无忧无虑的生活和接踵而来的痛失亲人的巨变。两极的感受，是我毕生难以忘怀的。

10 月 18 日 [①]，我们姊弟等共八人，自上海搭民航班机飞抵北京，由堂弟季明夫妇及侄儿庆新夫妇来接，并备好车辆直驶清华园。这次重游故地，已无旧识故交，但校方却把我当校友一样接待，安排一行八人食宿，并提供中型轿车一辆，供一星期代步。一周行程，也为安排妥当。

---

① 应为 1990 年 10 月 18 日。——编者

　　我们住的招待所，原为前梅贻琦校长宅邸改造，清静干净，只是卫浴设备较差，不是漏水，就是不通。入夜后，万籁俱寂，听不到一声喇叭或车辆辗过马路的声音。不论在大厅、餐厅或房间，没有人大声交谈喧哗，电视机也开到最小声。这正是清华数十年前的传统美德，居然能保留下来。

　　时序已入深秋，在江南还是一片繁花似锦，到了北京，却已红叶处处。同行的弟妹，均已年过七十，彼此叮咛，加衣慎食。手足之情，并未因时空睽隔而有稍减。

　　第二天一早，由孙敦恒先生带领我们出发参观，他是清华校史的主编，对学校环境和数十年历程及掌故，都了如指掌。首先去看纪念碑，碑约二人高，正面是"海宁王静安先生纪念碑"十字隶书，是我们离开北京以后树立的，有一种肃穆庄严的气概。"文化大革命"时曾被推倒在地，事后扶起，没有受到损伤，只是经过几十年风霜侵袭，背后碑文（陈寅恪撰）已有模糊之处。四周树木参天，碑周灰色砖地和前方砖砌小径，整理得很干净，连落叶也不易捡到。像这样幽僻之处，非识途者，还真难找到。在高大的石碑前，聚集了来自各方的王氏子孙七人，留下的鸿影，恐怕会成绝响了。

　　从前父亲的公事房（办公室或研究室的通称）在工字厅，因它的建筑形状而名。平时父亲在那里做研究工作，学生也在那里和他讨论问题。架上书籍也不少，房间很宽敞。只是事隔多年，究竟是哪一间，已不复记忆了。现在全部是办公室，门窗紧闭，不便进内观看。院中花木扶疏，有一种宁静的气氛。旁边是古月堂，以前是单身宿舍；我们离开后，三哥寄迹于此。与他同时的，曾出了不少知名之士。

　　荷花池在工字厅后方，正中屋檐下悬着"水木清华"匾额，仍是旧时模样。池边土岗上，遍植杨柳。夏天池中荷花盛开，冬天池面结了厚冰，成为天然的溜冰场。现在已入深秋，池中偶有数抹残枝，孤单的斜插水面，二三学生在池边读书，显得清静而带些寂寞。池的东北隅，立有朱自清的塑像，不由得让人想起他的《荷塘月色》。他的意境和笔调是那么美，在我中学时代，曾一读再读。听说当年他与俞平伯就同一题目各写一篇，感受、风格完全不同，各有千秋。据孙先生说，他所描述的荷塘，是在靠西边的另一处，人迹较罕至，校方将错就错地，把他的塑像，立在"水木清华"对面的池边比较引人注目的地方。转到工字厅正门，"清华园"三字在大红门楣上闪着金光，画梁雕柱虽有些斑驳褪色，但还清晰可观，这应该是清华园最具特色的地方。

大礼堂在以前是清华最宏伟的建筑，人立其下，真有仰止弥高的感觉。在我的记忆中，正面大门是三对铜门，现在却是木质拉门。不知是改装过了，还是我的记忆出了差错。印象与现实已有差异，加上内部破败不堪，很像家道中落的破落户。美好的期望，已随着消失了。一阵少小离家老大回的感觉，猛然袭上心头。不必揽镜细看，面对这饱经风霜的建筑，正是自己最好的写照。

体育馆远远望去，仍是旧貌，据说没有什么改变；最早的体育老师马约翰，也有雕像在馆外广场。因须全程步行，要顾及体力，没有前去瞻仰。

从正门出来沿着围墙向西行，来到了西院大门。因为车辆稀少，倒觉得马路宽广多了。路的外侧原有一条溪流，即使在冬天，靠岸两边结了冰，中间仍是不息的流着溪水，发出淙淙清越的声音，令人流连忘返。如今却失去了踪影，进门只看到破屋数栋，大概是建筑在以前的门房和网球场的遗址上。穿越过没胫的荒草瓦砾，我到一排破败得近乎倾圮的房屋，正是西院故居的所在。当年十六号和十八号（现在是四十多号）是我家所居，十四号是朱自清先生的住宅，十二号住的是父亲的助教赵万里，共五户成一长列，到二十号是最后一户。那列宿舍，旁边原是柏油马路，平坦光滑；路边空地，种满洋槐树。夏日槐花盛开，香气弥漫，在树荫下听鸣蝉，偶而有几片落英飘到头上。那种感觉，在我浪迹人间六十多年后，还依稀记得。树群向外，本是用不规则的石片砌成的围墙，现在已荡然无存了。

五户房屋是同一格局，连油漆都相同，大门是朱红色，每家的铜门环都擦得光亮耀眼。可是现在大门没有了，连门框也不见了，院墙有些成了加盖厢房的后墙，每栋之间，界址不易辨认。我们从倒数第二栋，确定是从前的十八号，是我们全家生活的起居之处，正屋红色门框还隐约可见。原本很大的院子，两侧都加盖了房子。中间偏南有一间临时搭建的棚屋，是当年唐山大地震时的避难之处，事后仍留着废"屋"利用。这么小一所房屋，大约住了三四户人家，其拥挤当可想象。十六号是父亲的书房，保存情况较好，没有加添房屋，院中种了些蔓生植物，大概是葡萄吧，搭了架子，爬满了棚架，种的花草也不少。里面住的是退休的教授，有一位老先生出来和我们讲话招呼，也知道我们的来历。很想窥视一下父亲书房的现状，实在不好意思说出口，只好罢了。对这寤寐想望的地方，相见争如不见。缓缓来到西南隅，忽然发现残留石墙一角，如见故人一般欣喜，刚要出口欢呼，碍于随行的小辈面前，只得憋了回去。

成志小学，是五弟六弟的母校。房舍现已空着，外表尚算整齐。据说为了学校发展过程，保留这一陈迹；只是与东西高楼新建筑相比，有些不太调和。

清华的正门，原为西式建筑，高大庄严，气派不凡，惜已遭破坏拆除，现在正鸠工照原样重建，不知是否能恢复原貌。门前是通往城里的大道，原有一桥跨越门前小河。左边是南院，一号是赵元任先生旧居，毗邻即为陈寅恪先生居处，他们二人都是父亲当年好友。我们姊弟三人，在门前巷内徘徊好久，很想张望一下室内陈设，又怕太冒昧。其实不看也好，当年赵伯父在客厅里排列大小不同的木鱼，可打击出高低不同的音阶，让这美好的形象，保留在记忆中吧。马路右边，为赵伯母开设小桥食社旧址。遥望许久，既未见小桥，更无流水人家。但愿是我老眼昏花，视而未见吧。

南行是清华在战后开发出来的新地盘，有邮局、银行、理发所等，已成为一条商业街。我为保留体力，没有去参观。

孙先生对清华的每一地区都很熟悉，我指名要找的地方，没有找不到的。当我要去寻找西院东面一处泉水时，他却无以应命了。记得小时候，走过小路边一个低洼处时，由地底冒上一根一尺来高的水柱；常常会弯身掬一把水，向空中抛去，撒下点点水珠，觉得很好玩。现在想返老还童一番，再天真一下，已不可得了。据孙先生说，数十年来北京及郊区，人口不断增加，水源已渐枯竭，河流都消失了，何况一个小小的泉水。

20日，到父亲坟上扫墓。附近正筑新坟，石材到处散置，下脚之处都要特别小心。后经人搬走坟边的石条，才有空间站立行礼致敬。当时在场的有我们姊弟三人、弟媳一人；第三代有孙子二人、孙女一人、孙媳一人、外孙及外孙媳二人；第四代有曾孙媳一人。虽只占父亲后人中的小部分，但墓地实在太小，几乎已无立足之地了。

祭扫后，到公墓管理处去洽谈种树问题；据负责人相告：公墓种树要整体规划，不能私自种植。我们建议，现有桃树是否可改种松柏等常青树，他们说为了经济利益，不可能改变。

从公墓出来到颐和园，没有太多路，停车也没有问题。侄儿庆山精明能干，他原本到上海出差期满要回新疆乌鲁木齐（原迪化市）。我硬拉他同到北京做向导领队，总管一切杂务，如购参观券、准备餐饮、应酬开车的司务等，都井井有条，省了我们老一辈的不少心。颐和园，我曾经来过两次。第一次是 1927 年阴历五月初四日（公历 6 月 3 日）——就是父亲投湖的次日。那天下午，园方才准我们家属入内。父亲身上盖着草席，俯躺在鱼藻轩的地上。当时阴云四合，雷声隆隆，我们家属和他的学生，有的嚎啕大哭，有的暗暗饮泣，焦急的等验尸官到来，好翻开草席，再看父亲一面。等到验尸完毕，天色已很阴暗，在雷声夹着雨声中，移灵到园后（以前太监休息的偏屋）盛殓。后来是怎样回到清华的，现在竟不复记忆了。第二次是 1928 年阴历五月初三日，我们全家和父亲的部分学生，为纪念父亲逝世周年，到园内鱼藻轩凭吊。此时虽已无人失声痛哭，但仍不免悄然流泪。我们还在临湖的台阶上照了相，我梳着两条辫子，正该是人生最欢乐的时期，却因突然失去了父亲，而蒙上了一层不易抹去的阴影。至于对颐和园的印象，可用三句话来概括："只知其名，曾临其地，不知其形。"现在第三度莅临，经过了大半生喜怒哀乐的洗练，养成了平静的观察外在世界，默默的领会，到了心如止水的境界。在轩内，我能毫不动容地讲述当时的情况给同行者听，而没有悲戚的感觉。

园内建筑和景观，从开放以来，已加整修，只是仍使人觉得像老妇人擦粉，掩不住岁月的痕迹。但湖光山色不会老，不管经过多少磨难，盖不住它的天生丽质。佛香阁已然在望，石舫坐船过去也不远，大家都顾念我的体力，只能提前回招待所了。

下午，张孝文校长来访。他是清华出身，专攻化学。他询问父亲后人的现况。我问到园内建筑很多，何以独留西院任其荒芜？据告因考虑保存原貌任人凭吊。至于大礼堂，原为全校最漂亮的建筑，现在内部已破烂不堪；我问他将来要拆除或整修，他面有难色地说要保存。我想是经费问题吧。他送了我们很多有关清华的资料和学校徽章，并讲述清华与北大在理工与人文科学分别发展的经过。我们姊弟虽不是清华的正牌校友，感觉上倒像真正的回到了母校，温馨中带着些许感伤。

21日，应堂弟季明夫妇邀约，到他们家午餐。因为时间很早，司机吴司务提议，可先到北海公园看看。小时兄弟姊妹中，只有我没有逛过。白塔矗立在山巅，我竟不知它为何塔；湖中荡漾着小舟，正是年轻人休闲的好去处。我们都忙着摆姿势照相。等到时间差不多了，上车将逛市场的人送到地头，再驶往堂弟家。

季明是抗战初期在上海见面的，那时瘦高羸弱；想不到在机场见到他时，竟变得魁梧而略显肥胖，步履有些蹒跚。岁月是那么不饶人，当年调皮捣蛋的小弟，哪里去找呢？他们四个亲兄弟中，他和长兄辨明最为仁厚孝顺。记得叔父在台大退休后，还能收到他们兄弟俩辗转从大陆汇钱来，虽只区区三四千元新台币，但我们都了解和感受到他们的辛苦和孝心。反观另一个在美国，做白领高级主管的弟弟，不但没有经常资助父母的生活，连平安家书也懒得写，以致两老晚年的生活，要仰赖亲友学生的侍奉与支援。席间他们自己做了很多菜，又排队买到北京烤鸭。谈到他们的往事，也有一段辛酸的历程。季明因是技术人员，未吃大苦；弟媳却曾插队，下乡劳动，吃足了苦头。

22日游长城和定陵。记得六十四五年前，曾跟清华员工和眷属同游。那时我才十三四岁，刚买的新鞋，把脚夹得痛苦异常，也只爬了二三个碉楼，就走不动了。现在虽然已近八十高龄，还能爬到约三分之一处；同行的人都阻止我再上，其实我觉得尚有余勇可贾。下得城来，有人去骑骆驼，我在隔城已闻到一股骚味，实在难以消受。路边有很多摊棚，小许要买些特产回去送亲友，售货小姐都是爱理不理的样子，气得他拔足就走。我过去问问价钱，他们的目光都不正视顾客，更懒得答腔，真是耳闻不如目见。

定陵为大陆挖坟热的时候挖掘出来的明朝帝王的陵墓，地下深至五六层，整修得很好。下去上来路线不同，最下层放置后妃棺椁，一股阴森之气，令人感到不自在。出口处高出地面很多，回到地面后，才知道"重见天日"是什么滋味了。归途在居庸关略停，一片很大的广场，两头都是关隘。广场上摆着些摊子，出卖土产纪念品。一对老夫妇，摆了些玉石、鼻烟壶等小玩意儿，笑容可掬的招呼我们。我选了些鼻烟壶、假玉坠子等，花了四十来元人民币，夫妇俩您老、您老的谢了又谢；我说，甭谢了，该谢谢你们的笑脸！

23 日，早餐后，吴司务已把车子停在门口；我们把行程告诉他，请他配合。我们预定游故宫，中午吃完涮羊肉，下午逛东安市场。吴司务是老北京，在清华开车很多年，平时都是接待外宾和校友，所以各种观光消费场所都很熟。车出清华大门，驶入进城公路。在京张路一个圆环广场中，立着一个塑像，倒也雄姿英发，气概不凡。我问这是哪一位古圣先贤的雕像，据告是明末的李自成。一路左思右想，始终找不到一个适切的解答。

车抵故宫，我们从午门进去，约好时间在后门上车。说起午门，就联想起旧小说中推出午门斩首的血淋淋幻影。一路宫殿无数，有些可以入内参观，有些只能在门外仰望，陈列馆只参观了钟表馆，种类众多，大概都是外国进贡的。靠后门有一个花园，就是所谓御花园，造景设计，有些江南风味。一棵两干纠缠在一起的老树，不很多见。走马看花的穿过紫禁城，历时约三小时。车子在后门等着，直接到东来顺吃涮羊肉。

吃涮羊肉也要内行才行，我们这些人，生活在南方居多数，很少有机会去吃，诸如佐料、配料或饮料等，我们都不知道如何去点。幸亏吴司务是老北京，他帮着庆山点菜付款（先付后吃），每人五十元，饮料酒类另加。一共十人，每人约六十元。对赚人民币的薪水阶级来说，是一个相当大的数字，约等于他们每月收入的二分之一或三分之一，我想不可能轻易去尝试，可是全楼上下座无虚席，这又是什么道理呢？

在台北逛惯了大公司，东安市场显得不太起眼了，最大的缺点是灯光太暗、服务态度参差不齐。有一位卖皮衣的售货小姐，前几天我们曾有人向她买过皮夹克。她一见我们，就亲切的打招呼，极力推销她的货品。我看她诚恳可爱，就买了一件皮夹克送给庆山。镇东自己买一件，又买了两件送给儿子女婿。真是皆大欢喜。正在高兴北京和气生财的老传说又复现了，来到了出售茯苓夹饼的柜台前。有一位司务在整理东西，我问他茯苓夹饼怎么卖。他不答话；连问两次，都没反应。我想：糟糕！恐怕他的耳朵和我一样有点聋吧？忽然他弯身取出一个盒子，往柜上一撂，一言不发又走开了。好不容易问出了价钱，付款就走，游兴也因此一扫而光。回到住处一尝，竟味同嚼蜡，不知是心理因素还是自己的爱好改变了。

晚间，孙敦恒先生偕北大刘烜教授来访。记得 1987 年 6 月 2 日，我为纪念父亲逝世六十周年，写了一篇《巨星殒落一甲子》，刊载在《中国时报》"人间"副刊上。文中曾提起"刘君"其人，如何在北京图书馆中发现罗振玉给父亲的九百多封书信。因为两岸关系还没有明朗化，不敢明白的提名道姓，只以"刘君"称之。一进门，没有等到孙先生引见，他就自我介绍说："我就是你文章中所说的刘君。"我原以为他是一个老气横秋的冬烘学究，想不到居然那么风趣，而且还正当盛年。以他在国学方面孜孜不息的努力，将来必能有成。据刘教授相告，他除了发现罗振玉的书信外，又找到父亲给大哥潜明的家书七十多封，对大家在做人处世上诸多教诲，可以驳斥罗氏之孙继祖为其祖辩解之言。他谈到要写父亲传记的事，我希望他不必用他们的八股作开场白，诸如封建残余啊、反动思想啊，明明不是心里想说的，为表白自己思想的前进，非说几句不可。对后世的读书人，可能产生混淆不清的意识。我想他有那种寻求真理的精神，是可以搜索到最原始直接的资料，来说明父亲的为人，甚至死因。至于父亲过世后那种众说纷纭的传言，不必采用，对于父亲在学术上的成就，能再阐扬，其价值当更高于对他生平的研究。

24日上午游天坛。看天色阴沉，且有劲风，内外改穿毛衣。原以为可以保暖，谁知毛衣透风，在空旷的天坛，只觉寒风刺骨，无处躲闪。圆形的建筑物，与其他殿堂迥异其趣。殿内排列着清王朝列祖列宗的神主牌位，已失去子孙祭祀的意义，沦为供观光客浏览的展示品。

下午游动物园，主要观赏的对象是熊猫。天气转暖，又是刚过正午，熊猫们正懒洋洋地想睡午觉，好容易见它出来，又惊鸿一瞥的躲入它的闺房去了。

25日已到了整装赋归的日子。早餐后，先去工字厅向统战部主任辞行兼道谢，并请代向张校长致意。出来时间还早，忽然兴起去探访一下父亲在七间房的旧墓地，于是我和五六两弟及庆新，穿越东部校园开始寻寻觅觅。孙先生曾说，地面尚无建筑物，因此看到南北略长的方形土地，就去观察一番，没有一块相像的。我因不想消耗太多体力，和庆新先回招待所，途中遇到此次帮忙最多的胡先生，他正要交给我《清华校友通讯二十二期》一册，正好当面向他道谢。

回到招待所，正好赶去柜台结账。文化机构，究与商业机构不同，他们不斤斤计较人民币与外汇券的差价，都以人民币结账。柜台人员彬彬有礼，讲话细声细气，不亢不卑，完全是读书人的样子。

飞机下午三时起飞，午餐后匆匆赶去机场。此行一切都顺利，想见的人都见到了，想去的地方也都去了，所感到遗憾的，时与地已隔绝了半个世纪，随着岁月，颓败了、衰老了。可是谁又能挽住流逝的年华呢？

七、病房掠影

年纪渐老，光顾医院的频率也增加了。二十年来，老人病次第现形，平时觉得身体硬朗，精神不逊少年时，一经检查，高血压、高血脂、血管硬化，由潜在的病情变成了数字，跃然纸上。经过医生一番解说，倒也颇知厉害，当时就医，遵照指示服药。因此得病虽已二十多年，并未发生意外。

近来外子改向郊区某大医院诊病，我也跟着一起去。虽说病人太多，手续麻烦：挂号付款要排队，检验排队，诊病排号，领药排队。有人说到大医院看病，小病会累成大病，大病却可以救命。为了大病可以救命，只有多多忍耐了。

自 1985 年农历年底到 1986 年 11 月下旬，外子曾因病两度住院。他是退伍军人，除伙食以外，都是免费的。这是对他们当年出生入死时立汗马功劳的酬庸。

病房中有两个床位，卫浴、冰箱、电视俱全。一个护理室，约管理二十个房间，工作相当辛苦。医护人员对病患，照顾得很周到，一切有制度、有原则。没有家人或雇请专人看护的病人拉了红灯，很快就有护士来。病人有任何紧急情况发生，主治医师及住院医师，一天要来好几次，态度亲切，丝毫没有大牌医师的架子；与花大钱住贵族化的私人医院相比，有过之而无不及。

第一次住在东区病房，他是因外感引发胃病及高血压，在住院中是较易治疗的。我到医院去陪伴他，每天在路上要费三小时的时间。以我的年龄来说是够辛苦的，可是比起几位长年在医院中看护老伴的老太太，就算不了什么。

在众多病人中，我发现一个事实：即是年龄在六十五岁以下的，是绝对少数，平均年龄约在七十五岁左右，最高的达九十六岁。所患疾病，百分之九十都是慢性老人病，大部分都需人扶持或用器械帮助走路，轮椅更是普遍。住院期间，有长达四五年的，一年以上的不在少数。所以这个病房应称为老人病房，才名实相符。陪伴病人并不是一件愉快的事，但在院中有些耳闻目睹的小事，倒也可博君一粲。今为叙述方便，用数学编号代表人物，逐一记述。

* * * * *

第一号是我们住入病房时的室友，已接近痊愈。虽是戎马一生，却不脱书生本色。除了散步活动，手不释卷，外子尊称他为儒将。他本该有个幸福的家庭，却因太太瘫痪了一二十年，使他必须公私兼顾，照料太太。他为人洁身自爱，自己能做的事，决不使唤他人，如饭后碗盘都自己送回，换洗衣物，亦必自己取送。这次住院是因摔跤伤及头部，幸未伤脑或发生并发症，稍稍痊可，即急着出院回家，陪伴半身不遂的老伴去了。

* * * * *

病床空了不到半天，第二号就进来了，家属一下来了七八人，据说只是十二个子女中的一部分。这位老将军，是保定八期毕业的，老伴于数年前逝世；经过这一变故，人就像抽掉了骨头似的软了下来，凡事六神无主，失去了依恃。散步是他唯一的乐趣，每天一早出去，到八九点钟提着烧饼豆浆回家。入院前两天早上出门，一天一夜没有回家，与他同住的小儿子和媳妇，急得要命。直到第二天早上，手中提着烧饼豆浆回家了。问他去了哪里，在什么地方过宿，他却说不出来。由于在外面的这一夜，受了风寒，就发了高烧。入院时神志不清，行走不稳，经过治疗及注射点滴以后，热度略退即吵着要回家。儿子替他雇用两位护理服务员，日夜班轮流照顾。他只要一醒，就要她们拿衣帽及手杖给他，准备回家去。有一天晚上，大家都已入睡，他悄悄的起来，穿戴整齐，走出了病房。外子睡觉一向很警觉，听到他起床，就注意他的行动。看他走出了病房，就拿手杖敲击椅把；护理员惊醒了，赶快出去找。总算尚未走远，把他找了回来。要不然，半夜三更丢了病人，才笑话呢。

　　每天，儿子都替他送食物来，不是水饺，就是面条，见了儿子，就不再吵闹了，怕的是儿子要数说他，又怕不理他。总算能安静一阵。据他儿子说：平日在家常想要出去，到公园散步，或上馆子小吃，因为他患有糖尿病，在家限制他的饮食，在外边吃，家人管不到。消化不良的时候，便溺也就难以控制了。换下的脏衣服，总是藏起来。媳妇趁他外出时，就进房去找，床底下、衣柜中，常常抓出一大堆。家中没有佣人，媳妇亲自替他洗涤，真是难得！

　　他头脑清醒精神好的时候，也会讲些"想当年……"的故事，一说到当年统领千军万马，一声令下，哪个不遵，谁敢不从？如今只落得令不下达于儿女，处处要受儿女约束，这个不可，那样不行。言语之间，真是感慨万千。其实他是人在福中不知福，有小辈关心照管，在现在社会中已不可多得了。

　　　＊　＊　＊　＊　＊

　　第三号是高龄九十六岁的老先生。他住在一间单人房中，八十六岁的太太陪着他。其实他不能算是病人，只是一个老人。太太身体衰弱，走路亦须扶杖，在家中已不能负担家务，不要说侍候老伴了。住在医院中，有最好的医疗服务，三餐不必自理，自是最好的安排。老先生年纪虽大，童心犹存，每天上下午都推着轮椅，在通道上来回运动。有时碰到我们这些病人的家属，笑嘻嘻地拍拍推着的轮椅，叫我们坐上去。他在洗澡时需要护士小姐帮忙，有时也会开玩笑："请派一位年轻漂亮的小姐来帮忙呀。"我想这就是他长寿的原因吧！

*　*　*　*　*

第四号是一个孤独的老人，太太的两脚不良于行，又患病在家，只偶而撑持着来探望一次。后来他病已痊愈，可是回家去太太连饭也不能煮给他吃，只得继续留院疗养。眼看其他病人的家属来来往往，送鲜花、带食物的，只有他独守病房，大闹情绪。他的病房原是两人一间，可是他自认曾经官拜中将，应独居一间。因此只要有空床位，谁都不想去惹他。新年中有一天晚上，不知为了什么，连续拉了十多次电铃，靠近护理室的病房，都被他吵得不能睡觉，护士小姐也疲于奔命。第二天早上起来，要护士小姐替他买鲜花。员工们大半都休假了，没有空也不知道哪里去买。护士长好言相劝，反而火上加油，伸手就把护理室柜台上的一瓶鲜花拿走了。护士长没有办法，只得到处打电话询问，哪里有电话一到鲜花就来的花店。旁边有一位年轻人，看了有些不服气，轻轻的说，打个电话到葬仪社，包你马上送来。后来不知在哪家花店买到几枝既不艳又不鲜的花来，这场鲜花风波总算平息了。

1985 年 11 月下旬，外子因发烧咳嗽去看门诊，医师说：咳嗽发烧本不算大病，可是年岁大了，如变肺炎，也是有危险性的。因此到急诊处办理住院手续。这次的病房是在一栋新落成的大楼里面，共有二十个小间，设备与东区病房相似。安顿好了病人，到外边溜达一周，居然看到很多熟面孔，原来是东区那个病房搬过来了。都是住了一年以上甚至有五年的。

* * * * *

现在要说到第五号了。这是一位了不起的学者，拥有三个博士头衔，曾任某医学院副院长，某复健院的院长，是医学教育界的知名人士。医院中的医师及行政人员，不乏他的门墙桃李。曾数次中风，甚至已停止呼吸，都是用电击法把他救活的。目前除四肢不灵便外，吞咽神经亦失去效用，鼻孔中插着一根塑料管，由此灌喂食物，每天由一位保姆推着他坐在轮椅上在走廊里活动。虽然尚有意识，但目光呆滞，不能表达情意。满腹救人济世的学问，却被病魔攫走了。

* * * * *

第六号是一位具军人本色的老将军，任何事情都要自己料理，不肯求人。儿女事业有成，要为他花钱请人来照顾他的生活，可是他情愿弯腰拐腿的扶着手杖，步履维艰的行走，不肯接受儿女的孝思。医院中的伙食，热的时候他不吃，等到放冷了他才去吃，因此导致消化不良，排泄恶臭。有一天，我陪外子去照 X 光，回来时刚出电梯，就闻到一阵异臭，大家都在找臭气的来源，原来是他把排泄物掉落在地上了。十几间病房的人们，都纷纷掩鼻捂嘴，关门开窗，宛如一场防毒演习。

他把医护人员都看成他的部下，他说什么都要服从。有一次一位服务人员用轮椅来推他去做检查，轮椅推到了他床前，不想他竟勃然大怒，高声叱责那员工，手杖在地上敲得咚咚响："我自己会走到门口，叫你不要进来为什么不听？"据说他是为维持自己不是废人的尊严，又认为不服从他即是藐视他，才会发那么大的脾气。幸亏医院员工受过严格训练，才没有发生冲突。

* * * * *

第七号是一位快乐的老人，也许是他略懂命理而能乐天知命。他只是轻度中风，一边手脚略有不便，每天由雇请的服务员用轮椅推他出来透气。他长得慈眉善目，白白胖胖，皮肤细嫩，虽然年近八十，犹如中年妇人，大概是得自天赋。有些服务员与他很熟，常用手摸摸他的脸或手，他也不会生气，仍是笑脸迎人。他说话尚清晰。会看相算命的消息一经传开，大家都纷纷找他看相；他也来者不拒，因此结了不少善缘。

＊　＊　＊　＊　＊

第八号是在走廊尽头的小交谊厅里认识的，住了已经有一年了。听说新婚不满一月就中了风，半边手脚受损，经一年来的治疗锻炼，已经能不用手杖行走了。太太家务繁忙，所以白天请了一位女服务员侍候他。他太太很会做菜，每星期都送两次菜来，像鸡腿、猪排、腊肠等，几个大便当都装得满满的。

他的个性很强，太太是标准的北方人，堪相匹配。每次来探病，坐不了十分钟，"训话"一完，就回家了。有一次不知为了什么事，两人争吵了起来，一个黑头，一个花脸，嗓门儿一般高，后来还是太太怕吵了人家午睡，才偃旗息鼓休战了。

每星期做三次物理治疗，每天上下午都要在走廊里练习步行，咬着牙关，一定要走完预定圈数，从不减少，从不间断。他的决心和毅力，确实令人敬佩。

自古文人相轻，而今文武亦不互尊。外子说他是典型军人，粗犷有余；他说外子是军佐，非正规军人。我亦不甘示弱，我说："我先生不是抚枪杆的正规军人，却是大学毕业后再入军校的。他管的是后勤业务，在总体战的今天，贡献都是一样的。"说得大家脸上都讪讪的。

有一天，他忽然发起烧来，护士小姐报告医生后，立刻有位医师来看他。他说他的好腿也坏了，又红又肿又痛，且不能下地走路，希望医师从速查出原因。第二天来了一位专科医师，正好他在吃饭，看到他正吃鸡腿，盘中尚有香肠猪排等，马上心里有数了。第三天早上，那位医师带着检验报告来，告诉他患的是痛风，最好不要吃家中送来的东西，只吃医院由营养师配制的食物。不想他指着医师大吼起来："你这是什么医生，治不好我的病，倒拿我吃的食物来推卸责任，我吃我自己的东西，你管得着吗？你姓什么？我要告诉你们主任委员。"那位医师还想向他解释，旁边有人推了他一把说："走吧，你是秀才，与他讲得清吗？"还有一位实习医师，试图用医学原理来说服他。旁观的人都向他使眼色，把他支走了。

令人敬佩的是医务人员的涵养功夫和服务态度，他们深知病人的心理以及他们深受的痛苦，所以能不计较病患对他们的态度。

那时我们正办好了手续，预备出院。远远的传来他那特有高吭的声音，原来是在护理室评理，小姐都低着头在听训话。我们无法向她们道谢，只好径自走了。进了电梯，余音尚在耳际不断缭绕呢。

车子行经门诊部，小径上、树荫下，挤满了步履蹒跚、衰老疲惫的病患。我好像在一面大镜子里，照见了我自己，不知哪一天，也会成为其中之一。一阵哀伤，突然袭上了心头。

八、七十学涂鸦

自张岳军先生创下了"人生七十才开始"这句名言以后，对于年近古稀的老人来说，真是一服强烈的兴奋剂。消极的使我们免除接近死亡的恐惧或日薄崦嵫的悲哀；积极的更鼓舞我们在这新的人生里做些什么，享受些什么，或奉献些什么。

年过七十时，算算七十年来的陈账：浑浑噩噩十多年，读书求学十多年，粉笔教鞭十来年，奶瓶尿布五六年，其余的时间，都在与算盘钞票打交道，倒也过足了过路财神的瘾。

第一天离开办公桌的那种彷徨无所适从的感觉，虽时隔一年，记忆犹新。因此，我毅然选择了厨房，以忙碌琐碎的工作，来平衡当时的心情。

单纯的家务，仅要双手操作，脑子里却常陷于幻想和思索的境地。每每想到些事与物，言和语，不禁有一种要写下来的冲动。但自忖平时读书既少，不足以引经据典，又缺乏女性柔和的特质，绝非咏絮之才，更不敢妄自负起立言之大任，只是想到什么，想说什么，把它写出来而已。

以我目前表达的能力来看，尚在摇摇学步时期，遣词用字，运用生涩，纵然思绪万端，无法表达十之一二。所谓书到用时方恨少，诚不欺也。

只是，我仍然要尝试，即使贻笑大方，又有何妨？

九、掌厨记

自幼未习厨艺，长大后又因工作关系，从未踏入厨房；到了七十高龄，从工作岗位上退下来，却因为感到终日无所事事的苦恼，才毅然辞退了厨子，担当起大司务的重任来。

满以为买菜煮饭是简单不过的事，哪知第一天上任就出了问题：一盘青菜居然买了二斤多；鱼小又不新鲜；肉只买了一点点，加些配料可做两个菜。自己还沾沾自喜的，四菜一汤二顿饭，只花了这么一点钱。谁知菜一端上桌，儿子首先发难："妈，今天我们吃素呀。"接着老伴也说话了："这鱼是猫吃的还是喂我们的？"真是，到任第一天，就搞得狼狈不堪。慢慢的，有了些经验，分量也较有把握。时新菜昂贵，却未必好吃，可以缓买；盛产期的蔬菜，物美价廉，可以多吃。

最难学的，还是烹饪的技术。有关烹饪的书也买了几本，只是没有耐性去看。一道菜，主料不多，配料有多至十多样的，一看就头痛了，所以我情愿回娘家请教嫂子，或打电话向媳妇讨教。平常我都选些单纯的菜，如红烧肉、炸鸡腿、炒蛋、鱼类及豆类制品。

我天生性急，煎鱼时，鱼放入了油锅，不到两分钟，就想翻翻看，结果鱼皮都荡然无存了。要翻身时，大概手太笨拙，不是掉了尾巴，就是破了肚子，实在是惨不忍睹。无可奈何，只能美其名为"有头无尾型"和"有骨无皮型"，以自我解嘲。

我的健忘性有时也和红烧肉纠缠不清。如果正好抽空看看报，或与朋友通通电话聊个天，正看得入了神或讲得忘了形，忽然阵阵香味从后面飘来，我还吸吸鼻子说：谁家烧肉烧得那么香呀！可是味道愈来愈不对劲，从香转为焦臭了，这才忽然惊醒，奔入厨房，满室烟雾缭绕，只差没有火光。除了没有吃到肉以外，焦炭粘底的锅子，有多难洗呢。发生的次数多了，自己也有些难为情，就跟老伴开玩笑说："老伴，我看你干脆改姓焦吧。人家叫我一声焦老太，倒也名副其实呢。"

有一天，历史又重演了。我急得在厨房大叫："老伴，不好了，你的姓名难保了。"他急急赶入厨房，问我发生了什么大事，居然性命难保，我指着肉锅请他看："你看，焦得这个样子，你能不改姓吗？"

要说我是白痴，倒也未必，有时也可做出几样可口的小菜，博得家人的赞美。一年以来，我也用心学过，只是做得好坏，没有把握。反正做得好，大家高兴，自己也多吃些；做得不好，大家点到为止，自己就不得不捧场了，因此医生叮嘱控制体重的计划，就破坏无余了。

大司务的手艺不怎么样，架子倒挺大的：肮脏锅碗不洗，油腻桌子不抹，情绪不佳时，锅勺刀铲的声音碰得惊动四邻。对工作的热忱与兴趣，越来越低，因此急欲下台鞠躬，家人也多方物色继任人选。终于新人来了，我也带着斑斑滚油烫伤的痕迹，光荣退位了。

十、节俭与吝啬

从小看到外婆捡食桌上的饭粒，我们都觉得好笑；饭菜变了质，她也留着自己热了吃。我们劝她倒了算了，免得吃坏了肚子，她总是一本正经的教训我们："一粥一饭，当思来处不易。女孩子家，将来居家过日子，一定要节省勤奋，千万不能浪费。"

在台湾，看不到有人穿打过补丁的衣服；要说有，恐怕也只有我的那位老伴了。内裤要补，汗衫也要补，而且是一补再补。有时我补烦了，就嘀咕他："花了半小时补起来，顶多穿上两三次，又烂了，真是越缝越穷。"他反而理直气壮的说："用你余暇没有价值的半小时，换来两三次有效的穿用，不是很值得吗？"他天生有节俭的美德，也许是由于学经济会计的关系，即使是家务事，都要讲求经济效益与预算的控制。我在耳濡目染之余，不能说青出于蓝，也近乎节俭专家了。

平日没有特定要购买的目标，不逛百货公司。大减价大拍卖，其实并不便宜，千万不要上当。购买欲，常是无理性的，看到五花八门的东西，人买亦买，结果买回大批不切实用的东西，放置亦成问题，说不定不久以后作为废弃物处理了。

食物以营养可口为原则，昂贵的不一定是最好的；购买数量，亦以适量为宜。蔬菜易腐，隔日即不新鲜；剩菜剩饭，现在都有电冰箱可冷藏，隔宿不致变质，仍可食用。

家用器物，如能保养得宜，可以延长耐用年限。室内摆设，应力求简单，一则可免浪费，二则可多余活动空间，三则可免发生意外。如把高脚型花瓶架置于室内，美则美矣，万一小孩在室内游玩碰倒架子，岂不会头破血流吗？所以凡布置得富丽堂皇，大人行动要小心翼翼，孩子不能尽情玩耍，又有什么乐趣可言呢？

家用水电，尤应注意节省。用电扇已够凉爽，就不必开冷气。没有人在房中，必关好电灯。用水更要节约，切不可用时让水哗哗地流，应想到每年枯水时期滴水全无的痛苦经验。有时也许用不到基本底度，似乎水电公司占了便宜。其实不然，那是为我们子孙百代储存一些能源，不要让我们这一代断送了千百年后子子孙孙的生机。

也许有人认为我们吝啬小气，其实我们该用的都用，只是不浪费而已。对自己节省，并不意味着对他人刻薄；凡是心中向往的事情，也不亏待自己，比如游历国内外名山大川。旅游一次，也许花去一年的生活费，只要能力所及，花了也值得。亲友有困难，如能帮助渡过难关，也乐于伸援手。对于贪图享受、行为不检，以致生活发生问题之辈，决不给予任何帮助。

节俭与吝啬，其界限很清楚，刻苦自己、不浪费物力，是为节俭；自奉甚丰，拔一毛以利天下而不为，即是吝啬。

十一、闲话服饰

我对服饰向来很随便，不是参加什么喜庆大典，决不穿着有领子的旗袍。我不喜欢旗袍的原因，并非旗袍本身有什么不好，而是我日渐发胖的身材，不能适合它；大部分裁缝司务，唯恐砸了他们的招牌，必定要照身型量制，不肯稍加尺码。应酬前，正好合身，进餐后，像穿了紧身束腹一般，动弹不得，再加领子封住脖子，实在受罪。故在平时，我宁愿是夏天穿布袋装，其他季节则穿长裤短衣，既舒适、又方便。

为了衣着太随便，也曾遇到过几次糗事。有一次，有一个重要的应酬。

原有一双较好的皮鞋，已经年高德劭，该享清福了，不得不上鞋店选购一双来替代。我的个性，想到就做，说走就走。身上穿着从菜市买来的全副装束，就这样跳上出租车，到了西门町。

我对鞋的式样，从不考究，只要穿脱方便，穿起来合脚就好了。在一间鞋店里，穿穿试试，磨蹭了很久，都没有合脚的，店伙已经有些不耐烦了。忽然我看到橱窗中的鞋架上有一双鞋很不错，我叫她拿来试试。哪知她瞪着眼说："老太太，那双鞋是很贵的。"我自己全身上下一打量，也实在难怪别人，凭这副穷酸相，会有钱跑到大店去买高级品？

又有一次，早上无事到菜市逛逛，看看有无新上市的蔬菜。迎面来了一位太太，我认识她；她对我仿佛只有似曾相识的表情，寒暄几句，她忽然问我在哪家公馆做事。好一会儿，我才会意过来，原来她以为我曾在她的亲朋家做过女佣呢。其实在我们家做过的女佣，都是打扮得漂漂亮亮地出门，没有人像我这样济公活佛似的邋遢相。

经过这两次事件，一向不拘形迹、不重视外表的个性，稍微有了修正。外出买鞋，必穿好鞋，选购衣物，必穿质料较好的衣服，店员笑脸相迎，口中奉承不歇，说是我如穿着这些衣服，更显得高贵大方，正适合我的身份。结果他们掏空了我的皮包，而我呢，除了满载而归外，还带着一种晕晕然、飘飘然的感觉，回家来玩味半天。

穿着装饰，过与不及，都不足为训。记得有一年春天到美加旅游，同团有些太太小姐们，带着大箱小包的衣服，天天换装。手上钻戒、颈间项链，好像去赴盛宴似的，我深深不以为然，并为她们的安全担心。在夏威夷及洛杉矶，她们穿着三寸的高跟鞋、打着洋伞，盛装在海边蹀躞，当地的人都指指点点说是台湾地区来的暴发户、土包子。因为大部分的人都是到海边戏水和晒太阳的。爱漂亮，反落得个暴发户、土包子的名号，真是何苦来呢。

服饰衣着要恰当，如参加婚礼，不妨穿得花俏些；参加丧礼，应避免穿大红大紫的。居家以宽松舒适为主，外出要适合自己的年龄身份。年老的人，千万要服老，不要以为人定胜天，打扮成年轻少妇模样，人家当面也许说你漂亮年轻，背后说不定在称你老妖怪呢。家庭主妇、职业妇女，稍微修饰，是必需的，可不能去学流行，穿戴得像影视明星和歌星一样。这样，非但不能提高你的身份，对你的出身也许会打个问号呢。我对自己的长相有自知之明，向来以藏拙为原则，决不争奇斗胜。首饰配件亦以简单为宜。至于化妆，应视时间场所而定。光天化日之下，画着深蓝色的眼影，搽着鲜红的腮红与唇膏，使人看着好像戴着假面具似的。如若薄施脂粉，反而使人有清新脱俗之感。有时在女子中学的门口，看到一张张天真活泼的清水脸，其可爱之处远比化妆入时的少女好看。

中国女性，向重含蓄稳重，如能不断充实自己、注意言谈应对，则风度气质谈吐，自是不同凡响。有深度的人，必定会赞美欣赏。芸芸众生对我们的看法，又何必在乎呢？

十二、"摔跤"专家

记得八十岁那一年，准备到大陆探亲，想上街买些小礼物馈赠亲友。回家下车时不慎摔了一跤，想要取钥匙开门，右手却是怎么也抬不起来。只好请人打开门，取了就医的证件，到医院急诊。诊断结果是右肩骨折和脱臼，于是上了石膏，吊着右臂，几天后独自飞往上海去了。

第二次摔跤，是在大门里外打蜡后。只是一滑一扭，就把脚踝上面的骨头折裂了。上了两次石膏；第二次是透气的，比较舒服。两个月后拆石膏，但必须用工具助行。这次事件，我差一点变成残障人士，举凡手杖、U字形助行器、轮椅等都齐备了，只是应用以前，最好受些训练。当时正好看到电视放映残障人士坐轮椅跳国标舞，我也试着摆摆架式，吓得在座的人惊叫连连。

另外一次，好好在家看电视，忽然走到和室①门口，一趴下去好像碰到和室木门，等到站起来，满脸鲜血，家人七手八脚把我扶坐好，先清理脸上的血，再取冰块冰敷。大家商量是否要送医院，正好司机小林在场，他建议去新店慈济医院。出门上车时，脸上已呈现紫色皮下瘀血，眼眶黑得像熊猫。在医院检查观察三小时，医生说已无危险，可以回家了。

九十岁生日时得知票友彭君钰与我同月同日生。第二年十二月一日是我们的生日，我们二人的亲友已为我庆过生，我们于是相约要单独的出去乐一下。哪知乐未尝到已经生悲了。

在不知不觉情况下摔倒在门外停放的机车旁，只感觉到左手不能移，左腿不能动，情形相当严重，必须紧急就医。正好预备出门，取了健保卡，直奔荣总。经过仔细的检查并与心脏内科麻醉科会诊，决定实施髋关节换人工关节的手术，左肩钉了两支钢钉。

手术后第三天，医生吩咐早上起来先坐在椅子上甩脚做运动。我胃口不好不想吃东西，医生吓唬我要给我插管灌食了，我只好乖乖地吃东西了。住院期间，一切都听医生的话，只是睡在床上两腿之间夹着一个大枕头，而且要夹三个月，实在有些受不了。行动靠助行器或轮椅。什么时候才能随意行走，已经记不得了。亲友对我九十高龄，重伤后仍能正常行动，都觉得不可置信。

---

① 日本传统房屋特有的房间。台湾地区的和室系引进日式住宅风格发展而来。——编者

照说多少次意外受伤，应受到教训才是。谁知刚过了百年大寿没多久，又摔了。趴在地上，怎么也起不来，心想：长命百岁的道贺声还在梁间盘旋，百年的生命恐怕要画下句点了。

好容易爬了起来，就思想到要去医院。台大距离近、设备又好，就到台大吧。进了急诊挂了号，看着人头攒动，推床占满了走道；我的轮椅，找不到立足之地。好不容易听到我的号码，医生问诊后，就去做各种检查，结果是无显著内外伤，开了四天药，回家休息。

四天后，疼痛依旧、胃口全无，于是我决定到荣总。荣总的急诊室，和台大相似，好像战场后方的伤兵医院。有些人身上鲜血淋淋，有些人躺在推床上吊着点滴，呻吟喊叫，此起彼落。所谓人间地狱，大概就是如此了。

住院十天，中间曾发现右臂腕骨骨折，经上石膏后，大致痊愈。

此次住院，有几件事值得一提。第一件是一位侨居日本的学者钱鸥博士来看我。她最崇敬我父亲，因而定居在京都我出生的一个小乡村，而且一住就是二十三年。她告诉我：她在那里，走访了我们初到日本的居处，以及我出生的村落，连为我接生的接生婆的家也访问到了；见到的是接生婆的孙媳妇，据告当时为王家接生了一个小女孩。

另一件事是父亲别号观堂，又称永观，我出生地附近有一寺庙也名永观堂；我们都想弄清楚事实的始末：究竟是父亲因居处的庙名而采用永观堂为别号，或是该庙因景仰父亲而命名（因日本汉学家非常喜爱我父亲）？钱博士去访问该庙主持不得要领，看来永远是罗生门了。

受伤住院几次，以这次最为痛苦，同时服用止痛药，以致胃口全无。司机小林和外籍护士西蒂（Citi）都说不吃东西会受不住的，于是买了一碗榨菜肉丝面，让我尝试一下。哪知仍是难以下咽，一边吃，一边哼。忽然我这老戏迷犯了戏瘾，想到京戏里的《苏三起解》："一碗药面付奴手，双手付与沈官人。官人不解其中意，吃了一口哼一声，昏昏沉沉倒在地，七孔流血他就归阴。"一想到沈延林吃面时已感觉有异，还要继续吃，真是大笨蛋。想着想着，竟连浑身的痛苦都感觉不到了。

隔床的病人先出院了，我就叫人把两床之间的帷幕拉开了，再拉开窗帘，窗外青山白云，一片美景，都忘了卧床多天，呻吟忍痛的苦况。正好又想起了京戏里的《空城计》。

小林、西蒂坐在床对面的沙发上，很像城门口的两个老弱残兵；窗外群山环绕，窗台正像城楼，于是哼起："我正在城楼观山景，耳听得城外乱纷纷，旌旗招展空翻影，却原来是司马发来的兵……"忽然背后有人叫"婆婆"，原来是护士小姐来量血压。顿时把司马懿的人马吓得落荒而逃，浑身的疼痛感又回来了。

十三、高龄开刀

2009 年 3 月，我发现自己左边乳房有三公分的硬块。我先到台北县的一家医院检查，一位医师为我初步检查后，并没有多做说明，只告诉我开刀切掉就好了。

我觉得医师的态度太过草率，不太放心，在孙女的建议下，转到台大医院进一步检查。经切片检查后，4 月 10 日确定罹患乳癌。听到医生确认病情后，我并没有心慌，毕竟年近百岁，我不怕面对死亡，但还是不想承受癌末转移的痛苦，几经冷静思考后，还是决定接受手术。

4 月 13 日开刀切除左乳及腋下的淋巴腺。主治大夫张金坚医师考量我年纪较大，无法承受化疗的副作用，因此手术后只给我抗荷尔蒙药物，并未使用化疗及标靶治疗，以维持我的生活质量。而我的恢复情况相当良好，只要定期追踪即可。医师认为我应该是国内有史以来，最高龄的乳癌开刀病患。

为呼吁各界关怀乳癌病患与伴侣的忧郁情况，乳癌防治基金会于2010年10月22日举办"眼中的她映射展"，展出二十四幅乳癌病友与伴侣间深情支援的摄影作品，并邀请我现身说法，在台北市西门町电影主题公园，鼓励病友与家属走出忧伤，积极对抗病魔。

这个展览说明会后，第二天国内各大报均以巨大篇幅报道，并登载我的照片，接着商业周刊、电视台也都来访问我，制作专题报道。真没有想到，生病开刀也能成为风云人物！

开刀至今，已有两年半的时间，我感觉身体状况良好，真要感谢上天及我的父母，给了我好的体质；另一方面，我的个性乐观，凡事想得开、看得透，不钻牛角尖，不自寻烦恼，我想这也是长寿快乐的主要原因。

十四、痛失佳媳

我婚后共生两个儿子。长子镇宇生于1952年，曾在非洲的埃及经商，现在深圳任职，育有一女二子。

次子镇乾，1955年生，现在美国任会计师及计算机程序设计师。次媳赵飞飞（名报人及名小说家赵滋藩先生之女），与镇乾因喜爱桥牌认识，进而相恋结婚。她原本主修生化，在美国俄克拉何马大学取得生化博士学位，未赴美前在"中央"研究院做过两年事，后来又到美国马里兰大学攻读法律，并考取律师执照，具有普通及智慧财产专业律师的执照，进入律师事务所服务。由于她在台湾的关系良好，给公司带来许多台湾地区及日本客户，很得公司器重。

镇乾与飞飞感情很好，但夫妻相处难免有意见相左的时候。他们二人却有很好的解决之道：两人相约，关起房门，一人讲五分钟（此时另一人绝不可插嘴）；等两个人都说完了，就牵着手出房门，不再争吵。夫妻相处除了感情，还须靠理智。他们的相处模式，倒是可以给时下年轻人做个参考。

2010 年初，一次公差归来，两人都染上"新流感"。镇乾很快康复，媳妇却愈来愈严重。送医院治疗，结果连医疗设备、技术最发达进步的美国医院也挽救不了她的性命。

痛失佳媳，儿子固然是悲痛伤心，我亦哀伤不已。但儿子归国处理后事时，我仍要强打精神，竭力安慰他，劝他自己要多保重，不要过于悲伤。虽然如此，劝他时母子二人都泪流不止。

每个人从初生到老，不可能没一点风波的。我十五岁那年初逢父丧，当时真如晴天霹雳，后来经过许多波折，都能安然度过。现在年已百岁，身边亲人一个一个离我而去，虽能较理性地接受，但痛失佳媳，尤其她还年轻，仍让我痛心万分。

十五、养生之道：活到一百岁的秘诀

最近有一次聚会，宾主十一人，年龄最高的八十三岁，最低的也有六十三岁，加起来总合，超过七百七十岁，真可算得上是老人大会。

见面时有三四十年未通音讯的老同学，畅叙阔别，并互赞对方年轻健壮，风姿不减当年。话题中最使大家感兴趣的是养生之道。

其中一位小学妹，在美国已是心脏科权威，此次应邀来台作专题研讨。另一位在医学院任生理学教授，并为"中央"研究院院士。一时请教之声，此起彼落。

结论有三点：一、注意运动，防止身体机能的老化。二、注意饮食，平衡身体的营养。三、放松心情，是老人病的最佳治疗剂。

运动的方法，五花八门，有柔软操、瑜伽术、甩手、踢脚、散步、慢跑、爬山、土风舞、太极拳，再加上新兴的病理按摩等，真是不胜枚举。

听起来，大家似乎都有恒心，只有我，一曝十寒，尚未学会，已经放弃了。顶多也只是到附近走走，算是散步运动了，因此一身赘肉，总是无处掩藏，鼓出的肚子，犹如身怀六甲。

谈到营养，人人都有心得：太咸太油的东西不能吃，肉类吃瘦的，蛋类少量吃，有些海产动物和动物内脏含胆固醇太高，糖类及淀粉质会转变成中性脂肪等等，娓娓道来，如数家珍。使两位专家，倒只有旁听的份儿。

总之，现代老人的营养观，与以前"五十之年，可以食肉矣"的观念，大相径庭。由于普遍的因为营养太好，五十岁以后，高血压、心脏病以及一切血管血液病变，相继出现。因此如何保养身体，如何延年益寿，成了老人聚会中经常讨论的课题。

另一派，可说是恐癌派。席中有三位曾经罹患癌症，幸亏她们有恐癌的警觉性，得以早期发现，及时割治、事后追踪医疗，彻底断根。有两位已经过了十多年、一位也已一年多，却生活得活力充沛，希望无穷。她们的营养观，有些不同，能吃就吃，随时进补，增强体能，即为增加抵抗力。别人怕胖，她们独怕瘦，因此，她们的口福也最好。

尚有二三位，无病无痛，一切正常，可是她们对补养，也是不遗余力，西药有各种维他命及荷尔蒙，中药有参燕当归、鹿茸丸散。立冬要进补、冬至也要进补，真是集补药之大成，也是中国人爱吃药的楷模。

至于我自己，属于第一类，应在管制进"口"之列。服了药，胆固醇仍接近警戒线，中性脂肪已是个泛滥的数字，有时比正常人高出六七倍。

医生限制我的食量，以及淀粉种类等的摄取，甚至连糖分多的水果也在禁止之列。

医生的忠告，短期内奉命唯谨，只是常须忍受半饥饿的感受和抗拒食物的诱惑。日久顽生，借着家中来客或出外应酬，就大大的开放进"口"，管它甜的咸的油的，吃了再说。有时还自找理由说："与其窝窝囊囊的饿死，倒不如痛痛快快的撑死。"

其实，我年过七十，儿孙俱全，已是了无遗憾。想当初，坦坦荡荡的来到这世界，临去也应走得潇潇洒洒，何必为了多活几年而忧惶终日呢。

第三点，是两位专家忠告我们的，老年人保健，以心平气和为首要。许多老人病，在猝发事件以前，必定有激动、忧虑、悲伤、失望或愤怒等情绪不稳的情况发生。本来可以带病延年，却因一时不能控制情绪，丧失了宝贵的生命，或以残疾度余生。这样，不但本身受苦难，也是祸延子孙呀！

人生本来是短暂的，生老病死，乃必经的过程，若能妥善安排老年生活，注意保养，必能生活得健康乐观，愉快地度过这欢乐晚年。

另一方面，更应讲求心理卫生，注意自己的言行，改去老人常犯的唠叨、诉苦、动辄责备儿孙的积习，让我们用一生累积起来的人生经验，作儿孙的良师益友，呵护他们、关注他们。这样，我们会永远是他们的精神支柱，活得不是更有意义吗？

十六、我的期望

父亲去世近百年，几位子女也做了一些努力，包括：

（一）先父自沉昆明湖后，给人们带来无尽的哀思，也伴来了不少对他死因的揣测。由于父亲之死是多种因素促成的，人们从不同的角度思考问题，意见分歧在所难免。当时的评议有殉清说、悲观厌世说以及亲家逼债等多种说法，也有不少的猜测。

这些传说、猜测，影响了人们对父亲正确的看法，也不利于正常学术活动的开展和研究。后来经过一段时间的辩争，澄清了事实，阐明先父之死是独立自由之意志的缘故。这是父亲引为知己的陈寅恪先生经两年的思索，认为王国维之死主要源于对独立精神、自由思想的追求，并非有外力强迫所致；这应是父亲自杀真正原因。这个重要问题澄清了，从而促进了对他的学术研究活动的正常开展。

我作为王氏的家属后代为此而感欣慰，同时也希望，今后再不要为此而去挥霍笔墨、去争议。父亲对学术的成就和贡献，经八十多年，早已定论。对他的死因再辩争，也与事实无关。今后，应以主要精力开展对他的学术和成就的研究。

（二）在二十世纪八〇年代，我退休了，有了精力和时间，学习、重新收集整理在母亲和我姊妹俩手中的父亲的遗物，达十多件，我还帮了三哥、四哥整理出十多件，大都是拓本和手校、手迹注解，其中重要的：有银元两块。这是先父自沉昆明湖，尸体被捞起，在父亲的衣服口袋中检查出的书面遗言和银元现金。

据判断：是先父于当天早晨在学校，向人借得银元钞票五块，雇了人力车去颐和园，付了车费而找回的四个银元。其中的两个银元，当时处理后事时，此钱交给母亲保存留念，母亲赴山东前，亲手交待我，好好保管。几十余年来，这些珍贵的遗物都在我们身边。为了发挥它们的作用，使人们能认识到父亲的学术成就和贡献，我们将此批遗物全部捐赠给了台北"中央"图书馆。当时，为了确保父亲的遗物的安全，我对"中央"图书馆作了多次的调查，对它的保温、防潮、安全设施等多方面的了解，才正式捐赠。这样，以表我们家属对此负责的态度。

（三）我年已高龄，总想多为父亲做些好事，以使他在九泉之下安心，以尽我的孝心。在我努力联系下，1987 年 6 月 3 日，台湾文化界为纪念王国维一百一十岁诞辰及逝世六十周年，在台北举行学术座谈会，有八十多位文史学者参加进行研讨。后来还举办王国维论文、手批经史、碑帖文展览。

1987 年 6 月 8 日，国际王国维学术研讨会在上海华东师范大学开幕，有中、日、美三国专家学者以及王氏后裔共一百多人参加，进行了分组讨论。6 月 11 日全体与会者，又在海宁盐官王国维故居及陈列室揭幕仪式和研讨会闭幕式。继后 2004 年在海宁成立了海宁王国维学术研究会，2007 年冬在海宁举行纪念王国维诞辰一百三十周年的国际学术讨论会。这些活动推动了社会开展纪念王国维的活动。

可喜的，近闻，北京已正式恢复了清华国学研究院。清华国学院创办于 1925 年，父亲是当时被聘为第一批四大导师之一。它的复办，标志了二十一世纪国学研究的新展望。

另又闻，在海宁举办纪念王仲闻学术座谈会。王仲闻（名高明）是我的二哥，从小喜爱古诗词，后来又不断钻研古籍，颇有成就。又培养了个孙子，成为复旦大学古籍部的博士教师。此两信息，告诉我，父亲的学术、我们的国学、他的事业后继大有人在。我相信，我中华民族传统文化的发展，将会更加繁荣、辉煌！

最后，我有两点期望，借此机会来表达，以引得大家的支持。

（一）在我有生之年，能看到海峡两岸学者专家、王氏亲友联合举办全国王国维学术讨论会，并举办海峡两岸王国维遗物展览。（王高明于 1950 年初将留在北京的王国维遗物两大木箱几十件，一次性全部捐献给北京图书馆。)

（二）建议我王氏后代，能多学些国学和了解王国维的成就，以配合学者专家与对王国维学术热心者，关心开展纪念王国维的活动，普及、宣传王国维的生平事迹，为弘扬中华民族传统文化，多出力！

王国维学术是我中华民族的文化瑰宝，也是全球的文物遗产，是我们海宁安化坊王氏后裔共有的宝贵财富，我们要为它而自豪！不论在国内或国外，都有责任维护它！宣扬它！

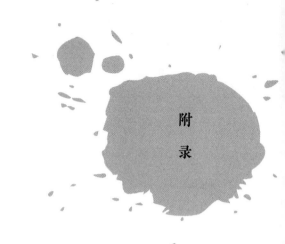

附 录

一、王国维家族谱系

（一）祖先

远祖王禀，宋靖康中，以总管守太原，城陷死之，赠安化郡王。

孙王沆，随高宗南渡，赐第盐官，遂为海宁人。

高祖王建臣，国学生，貤封朝议大夫。

曾祖王溶，国学生。

本生曾祖王瀚，国学生。

祖王嗣铎，国学生。

本生祖王嗣旦，国学生。

父王乃誉，字与言，号莼斋，值赤杨之乱，弃儒从贾，于贸易之暇，攻书画、篆刻、诗、古文辞，著《游月录》十卷、《娱庐》诗集两卷。母凌孺人，同邑三里桥凌岫云先生之六女。凌孺人生子女各一，长女蕴玉，王国维排行居次。后娶叶砚耕先生之女为继室，生子国华。

（二）王国维谱系

王国维，1877 年 12 月 3 日出生，1927 年 6 月 3 日去世，子女八人。

莫夫人，1871 年出生，1907 年去世，生育三子：

长子潜明，1899 年出生，1926 年去世。

（潜明早逝，没有子女）

次子高明，1902 年出生，1969 年去世。

（高明娶妻陈慎初，生子庆端、庆新、庆同、庆山，生女令年、令三）

三子贞明，1905 年出生，1998 年去世。

（贞明娶妻张霭云，生子庆襄，生女令燕）

潘夫人（丽正），1887 年出生，1965 年去世，生育三子二女：

四子纪明，1911 年出生，1978 年去世。

（纪明娶妻张祥云，生子庆颐、庆和）

长女东明，1913 年出生。

（东明适陈秉炎，生子镇宇、镇乾）

五子慈明，1915 年出生，2009 年去世。

（慈明娶妻顾华，生子庆元、五一，生女令尔）

次女松明，1917 年出生，1979 年去世。

（松明适柴克清，生子铁珺，生女铁珍、铁玫）

六子登明，1919 年出生，1997 年去世。

（登明娶妻梅美珍，生女令之、令宜、令宏）

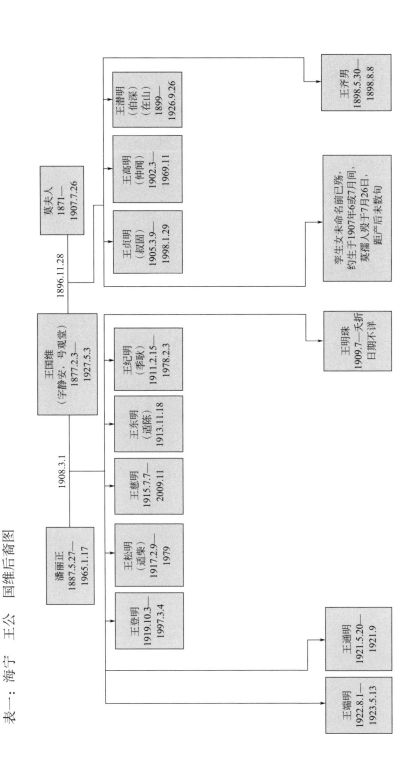

表一：海宁 王公 国维后裔简图

王国维
（字静安，号观堂）
1877.2.3—
1927.5.3

莫夫人
1871—
1907.7.26

1896.11.28

潘丽正
1887.5.27—
1965.1.17

1908.3.1

王潜明
（伯深）
（在山）
1899—
1926.9.26

王高明
（仲闻）
1902.3—
1969.11

王贞明
（叔固）
1905.3.9—
1998.1.29

孕生女未命名前已殇，
约生于1907年6或7月间，
莫孺人殁于7月26日，
距产后未数旬

王齐男
1898.5.30—
1898.8.8

王纪明
（季联）
1911.2.15—
1978.2.3

王东明
（适陈）
1913.11.18

王慈明
1915.7.7—
2009.11

王松明
（适柴）
1917.2.9—
1979

王登明
1919.10.3—
1997.3.4

王明珠
1909.7—天折
日期不详

王通明
1921.5.20—
1921.9

王端明
1922.8.1—
1923.5.13

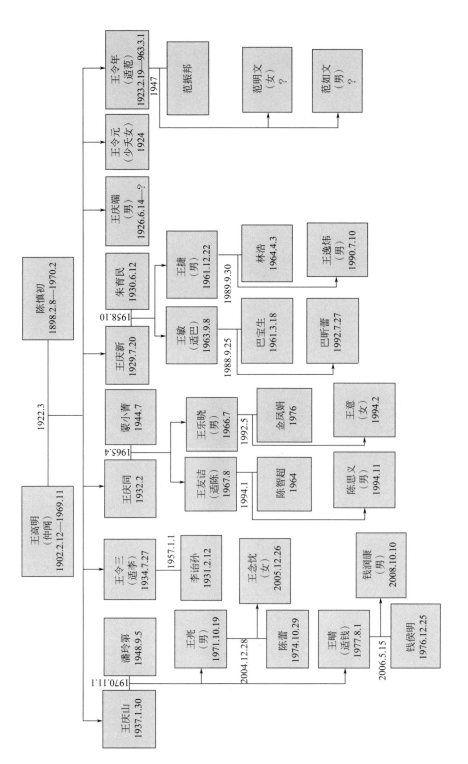

表二：海宁 王公 国维后裔图（高明支系）

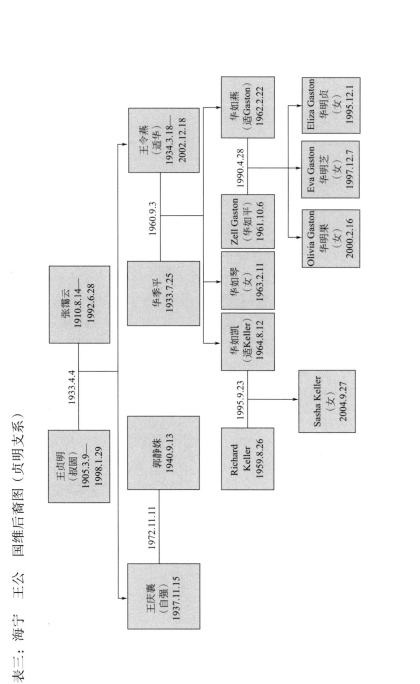

表三：海宁 王公 国维后裔图（贞明支系）

表四：海宁 王公 国维后裔图（纪明支系）

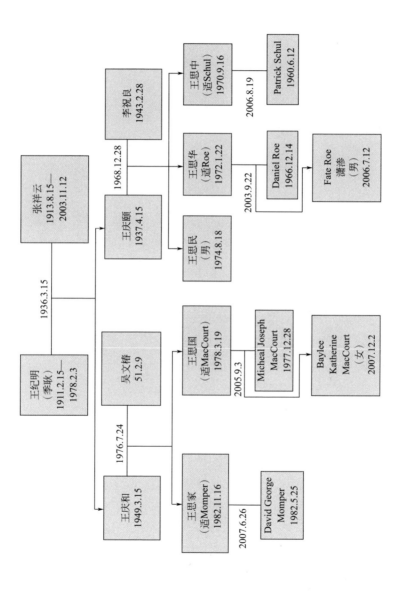

表五：海宁　王公　国维后裔图（东明支系）

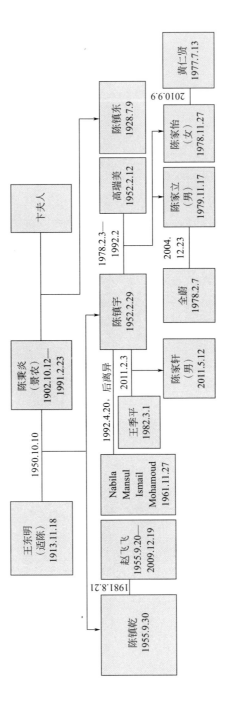

表六：海宁 王公 国维后裔图（慈明支系）

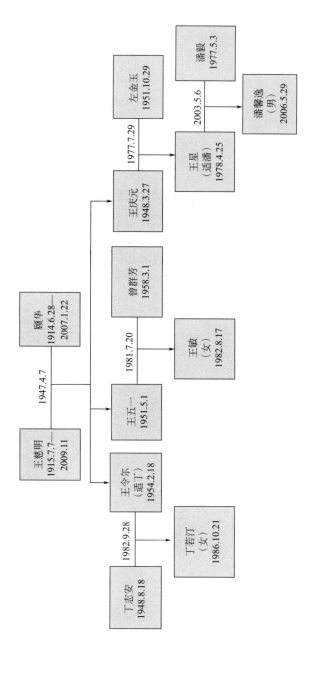

表七：海宁 王公 国维后裔图（松明支系）

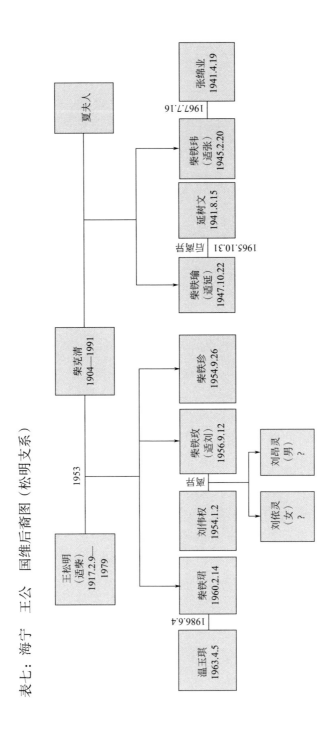

表八：海宁 王公 国维后裔图（登明支系）

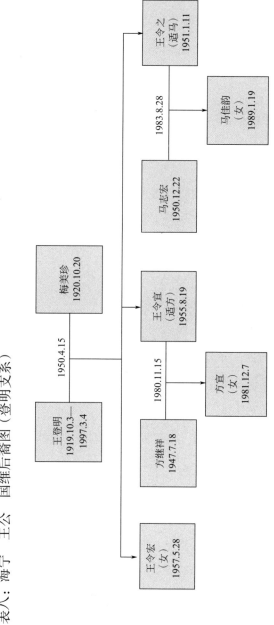

二、海宁王氏家谱寻源

最近，旅居美国的一个侄媳，要我替她寻找王氏的家谱，希望能追溯至五代以上列祖的名讳及生卒年月。原来他们的长女已读小学六年级，校中规定要写一篇《Family Tree》报告家族的史实。可见在极度物质文明的国家，对家的根源也相当重视。布什在竞选总统时，虽已贵为副总统，还要亮出与英国王室有血缘关系来争取选票。

王氏自远祖禀于宋钦宗靖康元年，以副总管守太原，城陷殉难，追谥忠壮公，赠安化郡王。先父国维公遗作《补家谱忠壮公传》曾上溯至公父光祖，祖珪，均载《宋史》（《王光祖传》及《王珪传》）。所以我家谱系有史迹可考的，当自王珪始。

最近看到大陆一位佛雏光[①]先生所著《王国维诗学研究》，以深入手法探讨先父在美学及文学上的成就受家学渊源影响的程度，而研究我家谱系。据佛雏光说，他曾研读先祖乃誉公日记十八册及杂著手稿：《画粕》《题画诗》《竹西卧游录》《可人》《古钱考》等十一本。在"甲午日记稿"中发现先父在乃誉公逝世后讣告亲族友好的《先太学君行状》；除评述乃誉公一生际遇及在金石篆刻诗古文辞上的造诣和成就外，对家世系统也有概略。此篇行状，在1987年先父逝世六十周年纪念于上海举行的"国际王国维学术研讨会"

---

① "佛雏光"似为"佛雏"之误。佛雏（1919—1997），原名谭佛雏，中国古代美学、文论研究专家。——编者

中，发表一篇论文，题为《王国维少年至青年前期读书志趣及王乃誉对他的影响》[1]，其论说重点，即得自乃誉公日记与杂文；曾数度引用《先太学君行状》原文。可惜一水之隔，又以俗务羁身，未能亲去恭读手稿，是大憾事。

在乃誉公日记中，常有抄写《安化宗谱》或抄写家谱的记载。在《可人》一册序言后，有一朱文图章"宋安化郡王三十二世裔孙"，所以到我们这一代当为三十四世。记得1928—1929年间，五、六两弟曾参加安化王祠祭祀，回来说我们是第三十四世。当时未尝放在心上，今证之乃誉公遗墨，才知自己在这家族中的地位。可是历来中国家谱，多不记载女性，除非本身为女中英豪，或嫁与阀阅世家与娶自名门之女，始获记载，否则就在这家族中消失了。根据宋《赵不泠墓志》记载：忠壮公安化郡王之女为赵不泠母，孙女为赵不泠妻，赵为太宗六世孙。双方均为世胄贵族，亦仅留得姓氏而已。

佛氏参考多种资料，经整理编排，勾画出王氏自王珪始至我的这一代上，一页断续的世系表。其中十六世杰、十七世德赐、十八世云华、十九世养宇、二十世纬寰、三十世淮（缺溶瀚）、三十一世嗣铎（缺嗣旦）等八人，三十二世乃誉等八人，乃誉公的日记中均有记载。

纵观该表王氏先祖原以武功获勋，自王沆袭爵定居盐官后，子孙即以文事为重，兼事农商。至祖父乃誉公，虽从事商贾，仍不辍诗书，对先父国维公诱掖督责甚严，于其日记中可见大概，终于为王氏培育出不世之才，大放异彩。

海宁王氏园林之美自古驰名。宋室南迁后，安化郡王之孙王沆袭爵，赐第盐官。佛氏引宋万乘仲[2]上巳日游海昌王氏园所赋《临江仙》之一阕云：

---

① 此论文亦见于《阜阳师院学报（社科版）》一九八七年第三期，作者为王令之。王令之为王登明之女，系本书作者侄女。——编者

② "万乘仲"似为"葛胜仲"之误。葛胜仲（1072—1144），宋代词人，《全宋词》录存其词82首。——编者

倦客身同舟不系，轻帆来访儒仙。春风元已艳阳天。夭桃方散锦，高柳欲飞绵。

千古海昌佳绝地，双凫暂此留连。通宵娱客破芳尊。兰亭修禊事，梓泽醉名园。

据说此园在海宁城内西北隅，为王沆所建，在宋时即已有名园之称。明代中叶，为明太常陈与郊所有，名"隅园"；入清，则为陈元龙父子所据，改名"安澜园"。安澜园既为我王氏故址，据记载当在城内西北隅。而陈阁老府第则在小东门内面对堰下坝，与城西北隅相距很远，又不知是方位记载错误，或另有其园因年代久远而湮灭了。希望乡长前辈，熟知家乡历史掌故的，惠予指正。

附录：先太学君行状 ①

曾祖，国学生，貤封朝议大夫建臣；祖，国学生溶；本生祖，国学生瀚；父，国学生嗣铎；本生父，国学生嗣旦。

君姓王氏，讳乃誉，字与言，号莼斋，晚字承宰，号娱庐，浙江海宁州人。远祖禀，宗靖康中，以总管守太原，城陷，死之，赠安化郡王。孙沆，随高宗南渡，赐第盐官，遂为海宁人焉。字〔自〕宋之亡，我王氏失其职，世为农商，以迄于府君。府君少贫甚，又遭"粤匪"之乱，年十三，随先本生曾祖父、先大父避兵于上海。既而先曾祖父先大父相继物故，君号咷呼吁，丐于亲故以敛。后盖转徙，无聊，遂习贾于茶漆肆。"粤匪"既平，其肆自上海迁宁之硖石镇，君始得于贸易之暇，攻书画篆刻诗古文辞。

---

① 《扬州师院学报（社会科学版）》1985 年第 3 期刊有佛雏所著《跋新发现的王国维遗文〈先太学君行状〉——兼谈王氏诗学的家学渊源问题》一文。该文后附有《先太学君行状》一文。两个版本个别字词存在出入，方括号内为佛雏文章所附版本。——编者

会戚属有令于江苏溧阳县者，延府君往佐之，前后凡十余年。由是便游吴越间，得尺［尽］窥江南北渚［诸］大家之收藏。自宋、元、明、国朝诸家之书画，以至零金滅［残］石，前［苟］有所闻，虽其主素不识者，必叩门造访，摩娑竟日以去，由是技益大进。年四十，归，遂不复出。惟一游金陵，一沿桐江，观富春山，登钓台，皆不树［数］月而归。归后，日临帖数千字，间于素纸作画，躬养鱼种竹，以为常课。君自三十以后，始作日记，至易簀前一日止，盖三十年如一日焉。君于书，始学褚河南、米襄阳，四时［十］以后专学董华亭，识者以为得其神髓。画，无所不师，卒其所归，亦与华亭、娄东为道。又尝谓自冯墨香《国朝画识》［、］蒋霞竹《墨林今话》后，近世画人亦颇有足传者，故就平生所见近人书画，考其姓氏爵里，且评隙［无（骘）］其所诣，为《游目录》十卷；又有诗集二卷，文若干篇，稿藏于家。君自光绪之初，睹世变日亟，亦喜读经世之学，顾往往为时人所诟病，闻者辄掩耳去，顾［故］独与儿辈言之。今日所行之各新政，皆藐孤等二十年前膝下所习闻者也。

呜呼！君于孤贫之中，阛阓之内，克自树立，其所成就，虽古人无以远过，而年不跻于中寿，名不出于乡里，是亦可哀也已！

君娶凌氏，生子国维；继娶叶氏，生国华；女一，适同里陈汝聪；孙，三人：潜明、高明、贞明。君生于道光二十七年丁未，卒于光绪三十二年丙午，得年六十岁。将以其年十月葬于海宁城北徐步桥之东原。伏冀：海内贤哲锡以志传，已［以］光绪泉壤，岂惟藐孤，世世子孙亦感且不朽？［！］孤国维泣血敬状。

三、王国维年谱及著作

1877 年（清光绪三年），丁丑，十月二十九日（阳历 12 月 3 日）
出生于浙江海宁州城内双仁巷私第。

1880 年（光绪六年），庚辰
四岁①，母凌孺人去世，姊蕴玉九岁。

1883 年（光绪九年），癸未
七岁，就读邻塾，拜潘紫贵（绥昌）先生为师。

1885 年（光绪十一年），乙酉
九岁，父菀斋公年三十八岁，娶同邑叶砚耕先生之女为继室。

1886 年（光绪十二年），丙戌
十岁，迁居西门内周家兜新屋。

1887 年（光绪十三年），丁亥
十一岁，1 月，祖父嗣铎公病逝。国维改从邑人庠生陈寿田先生读书。4 月，弟国华出生。

1892 年（光绪十八年），壬辰
十六岁，岁试，6 月，国维以二十一名选入州学。始读前四史。

1893 年（光绪十九年），癸巳
十七岁，赴杭州应科试，不终场而归。

1894 年（光绪二十年），甲午
十八岁，中日战争，国维始知有新学。

---

① 这里的岁数为虚岁，后同。——编者

1896年（光绪二十二年），丙申
二十岁，10月24日，娶同邑莫寅生先生之孙女莫氏为妻。

1897年（光绪二十三年），丁酉
二十一岁，为同邑陈枚萧任家塾。8月，赴杭州应乡试，不中举。

1898年（光绪二十四年），戊戌
二十二岁，钱塘汪康年创《时务报》于上海，邀上虞许默斋孝廉为书记，不克成行，国维代之，抵沪就事。上虞罗振玉创农学社，翻译各国农业书报，因缺乏翻译人才，乃另创东方学社，聘日人藤田丰八为教授，国维往学。6月，因脚病归乡，秋后回沪，《时务报》已停刊，罗振玉聘请国维处理农学社杂务，免缴学费，乃得以继续学习。

1899年（光绪二十五年），己亥
二十三岁，国维从日人田冈佐代治学英文，始知康德、叔本华之哲学，后又学数学、物理、化学。10月长子潜明出生。是时，安阳小屯发现甲骨。

1900年（光绪二十六年），庚子
二十四岁，庚子之变，东方学社提前毕业，并解散。国维仍努力学英文。是年，斯坦因于新疆和阗①考古，得魏晋古简数十枚以归。

1901年（光绪二十七年），辛丑
二十五岁，罗振玉济助国维前往日本留学，入东京物理学校肄业。

1902年（光绪二十八年），壬寅
二十六岁，2月，次子高明出生。国维因脚气病返国，罗振玉任南洋公学校长，国维任执事，继续学英文，兼做翻译。刘鹗选印所藏甲骨文字千余片，出版《铁云藏龟》，国维始见甲骨文。

1903年（光绪二十九年），癸卯
二十七岁，因罗振玉之荐，任通州师范学校心理学论理学教员一年。

1904年（光绪三十年），甲辰
二十八岁，因罗振玉之推荐，任苏州师范学校监督，主讲心理、论理、社会诸学。

1905年（光绪三十一年），乙巳
二十九岁，3月，三子贞明出生。8月，汇集数年内在《教育世界杂志》所发表的文章及诗篇，刊印《静安文集》。治哲学之余暇，兼以填词自娱。

---

① 即今和田。——编者

1906年（光绪三十二年），丙午

三十岁，罗振玉奉学部奏调，携家北上，国维与之同行入京，仍住罗家。

3月，汇集两年内所填词，刊印《人间词甲稿》。

7月，父亲莼斋公去世，得年六十，国维回乡奔丧。继续研究康德哲学。

1907年（光绪三十三年），丁未

三十一岁，春，罗振玉荐国维于蒙古荣文恪公，3月北上，命在学部总务司行走，充学部图书馆编辑。6月，莫夫人病逝（得年三十四），返乡一个月又北上。12月继母叶孺人病逝。是年，国维倦于研究哲学，转治文学，发表《三十自序》，说明数年为学之经过。

10月，汇集一年间的填词《人间词乙稿》，发表于《教育世界杂志》。

是岁，英人斯坦因在敦煌与新疆罗布泊获得两汉木简数十枚，又与法国伯希和在敦煌千佛洞购得六朝及隋唐人所写卷子等书数千卷。伯希和经过北京，罗振玉与国维等往观，择优录之。

1908年（光绪三十四年），戊申

三十二岁，1月，返乡奔继母丧，听从岳母莫太夫人之劝，娶潘氏（潘祖彝之女）为继室。3月携春抵京。

6月，辑《唐五代二十家词》成，8月，《曲录》初稿草成。

1909年（宣统元年），己酉

三十三岁，著述甚丰。闰2月，以鲍刻《蜕岩词》校所藏旧抄本，并为之跋。

3月，过录樊谢老人手抄宋元四家词，又校《南唐二主词》，为校记，并辑补遗。

5月，从闽县陈寿祺所录天一阁本《后村大全集》抄出《刘后村词》，此为汲古阁本《后村别调》所未载。罗振玉将《后村词》及《南唐二主词》列入晨风阁丛书。

1910年（宣统二年），庚戌

三十四岁，2月，以《雍熙乐府》校勘臧刻《元曲选》。9月，《人间词话》撰成。11月，《清真先生遗事》《古剧角色考》初稿完成。兼充名词馆协修。12月四子纪明出生。

1911年（宣统三年），辛亥

三十五岁，校订元翻干道本《梦溪笔谈》、宋嘉定赣州刻本《容斋随笔续笔》。校定正德本《大唐六典》。撰《隋唐兵符图录附说》。10月辛亥革命，国维与罗振玉两家避居日本京都田中村。庚辛之间序跋，收入《庚辛之间读书记》。

1912年（民国元年），壬子

三十六岁，始专习经史小学，完成《简牍检署考》《颐和园词》，10月，完成《宋元戏曲史》。12月协助罗振玉编成《殷墟书契》八卷。

1913年（民国二年），癸丑

三十七岁，圈点《三礼》《说文解字》，并做疏记。完成《齐鲁封泥集存》《布帛通考》（释币）。11月，长女东明出生。撰写《东山杂记》《两脯轩随笔》。

1914 年（民国三年），甲寅

三十八岁，撰写《屯戍丛残考释》，罗振玉据以刊印《流沙坠简》，国维写序数万言，考释木简出土之地。3 月，复考释和阗尼雅河下游所出木简，撰写补遗一卷，附印于《流沙坠简》之后。5 月撰《宋代金文著录表》《国朝金文著录表》《殷墟书契考释序》等。

1915 年（民国四年），乙卯
五子慈明生。

三十九岁，撰写《殷墟书契》释文，2 月，携眷返国；3 月，偕长子潜明返日，眷属留居海宁。撰《不期敦盖铭考释》《三代地理小记》《生霸死霸考》等。

1916 年（民国五年），丙辰

四十岁，应上海哈同之邀，1 月，携子潜明返回上海，担任《学术杂志》编辑。撰《史籀篇疏证》《周书顾命礼征》《毛公鼎考释》《魏石经考》《周书顾命后考》《汉代古文考》。校宋本《水经注》。12 月，应罗振玉之邀赴日。

1917 年（民国六年），丁巳
次女松明生。

四十一岁，以日本宽永活字本《孔子家语》校嘉靖本。1 月下旬返国，初拟《殷卜辞中所见殷先公先王考》《古本竹书纪年辑校》《今本竹书纪年疏证》，辑英人哈同所藏《龟甲兽骨文字》并写释文一卷，撰《殷周制度论》《韵学余说》《两周金石文韵读》。汇集数年间所撰文章五十七篇，署名《永观堂海内外杂文》。校《封氏见闻记》《尚书孔传》等。

1918 年（民国七年），戊午

四十二岁，长子潜明娶罗振玉之次女。撰唐写本《唐韵校记》、辑《唐韵佚文》、校订《方言》《尔雅》《文昌杂录》《匡谬正俗》《封氏见闻录》[①]等书。兼任上海广仓明智大学教授。

1919 年（民国八年），己未
六子登明出生。

四十三岁，撰写《书契后篇》上卷释文、《蒙古图志碑图》、《敦煌石室碎金跋尾》。8 月赴天津，得见蒙古升允相国。9 月重辑《仓颉篇》、撰校松江本《急就篇》，应乌程蒋汝藻之邀编撰《密韵楼书目》，应邀参与续修《浙江通志》。

1920 年（民国九年），庚申

四十四岁，校订《孟子章句》、《史记集解索隐》、《穆天子传》、元本《东京梦华录》、《文昌杂录》、《列女传》、《封氏闻见录》、《焦氏易林》、《孔子家语》等书。

---

① 上条为《封氏见闻记》。该书亦有《封氏闻见录》之名。——编者

1921年（民国十年），辛酉

四十五岁，续校《封氏闻见录》、《文昌杂录》、宋本《唐六典》。4月，删订近年所作文章刊载于雪堂、广仓二丛刊者，定名《观堂集林》二十卷，乌程蒋氏出资印行，至年底出版《艺林》三卷。校订明抄本《张说之文集》、宋刊本《元微之文集》、《李贺歌诗编》、《孟子音义》等。

1922年（民国十一年），壬戌

四十六岁，作《书库楼记》，记载内阁大库文书流落市面，为罗振玉所收购之过程。根据《永乐大典》校订《水经注》，《观堂集林》出齐。同意担任北大研究所国学门通信导师，提出研究问题四目。

1923年（民国十二年），癸亥

四十七岁，撰成《密韵楼藏书志》。受升允相国推荐担任"南书房行走"，4月北上，受命清查景阳宫等处书籍。

1924年（民国十三年），甲子

四十八岁，校订韦庄《秦妇吟》全卷、《论语集解》。10月9日，随溥仪出宫至摄政王府。清华学校创办国学研究院，胡适推荐担任院长，国维婉谢不就。撰《魏石经续考》。

1925年（民国十四年），乙丑

四十九岁，受任清华学校国学研究院导师。始治西北地理及元史学。6月，在清华暑期学校主讲《中国近二三十年来新发现之学问》。撰写《耶律文正公年谱》《西游记注》。8月开学，担任经史小学导师，演讲《古史新证》，撰写《元朝秘史地名索引》。

1926年（民国十五年），丙寅

五十岁，校订《亲征录》，清华国学院出版《蒙古史料四种校注》。8月，研究院开学，讲授《仪礼》《说文》。长子潜明在沪病逝。

1927年（民国十六年），丁卯

五十一岁，校订《西游记》，3月下旬携家人游西山，改订《萌古考》《鞑靼考》《蒙古札记》。4月，豫鲁兵事日急，北京一日数惊，先生危惧。五月二日（农历）草写遗书。五月三日雇车至颐和园鱼藻轩前吸烟后，跳入昆明湖自尽。家人寻觅发现，料理后事，7月17日葬先生于清华园附近西柳村七间房之原。《海宁王静安先生遗书》整理成四集付印，1940年2月由商务印书馆出版，1979年5月台湾"商务印书馆"台二版，《海宁王静安先生遗书》计十四册。

《王国维全集》目录

第一卷

静安文集

教育学

唐五代二十一家词辑

词录

人间词话

人间词话手稿

新编录鬼簿校注

戏曲考源

第二卷

曲录

录曲余谈

优语录海宁王静安先生遗书本

优语录盛京时报本

唐宋大曲考

清真先生遗事

庚辛之间读书记

故剧脚色考

简牍检署考

罗振玉藏书目录

第三卷

宋元戏曲史

齐鲁封泥集存

释币

东山杂记

二牖轩随录

阅古漫录

第四卷

流沙坠简

宋代金文著录表

国朝金文著录表

第五卷

史籀篇疏证

殷礼征文

汉魏博士题名考

尔雅草木虫鱼鸟兽释例

古本竹书纪年集校

今本竹书纪年疏证

戬寿堂所藏殷墟文字考释

第六卷

两周金石文韵读

唐写本唐韵校记附唐韵佚文

经学概论

重辑仓颉篇

校松江本急就篇

联绵字谱

第七卷

两浙古刊本考

五代两宋监本考

乾隆浙江通志考异残稿

乾隆浙江通志补

第八卷

观堂集林

第九卷

传书堂藏善本书志上

第十卷

传书堂藏善本书志下

第十一卷

魏石经残石考

补高邮王氏说文谐声谱

古行记四种校录

耶律文正公年谱附余记

元朝秘史地名索引

古史新证

观堂古金文考释

蒙鞑备录笺证

黑鞑事略笺证

圣武亲征录校注

长春真人西游记校注

两汉魏晋乡亭考

第十二卷

水经注校上

第十三卷

水经注校下

第十四卷

诗文

第十五卷

书信日记

第十六卷

农事会要

日本地理志

教育学

算术条目及教授法

伦理学

第十七卷

法学通论

哲学概论

心理学

教育学教科书

势力不灭论

第十八卷

西洋伦理学史要

动物学教科书

心理学概论

欧洲大学小史

第十九卷

辨学

论幼稚园之原理

法国之小学校制度

法国小学校修身教授之官定条例

教育心理学

世界图书馆小史

法兰西之教育

观堂译稿

第二十卷

（附录）

四、九位学生的来信

　　天秤台风来台前夕，忽然接到前《看历史》杂志记者何书彬来电话，询问我有没有接到西安雍村小学的学生来电话。我说我曾在雍村小学教过五年书，是有不少学生，只是没有接到电话。不想今天（2012年8月22日）收到一封来自北京的信，是当年在雍村小学教过的学生，姊妹二人名叫陶磊、陶森。信上所讲事情，我已不太记得，但是她们活泼天真的模样，还是有些印象，目前她们已是年近八十的老人了。25日又接到她们的电话，兴奋之情，很久没有这种感觉了。我想把他们的信，录在本文后。随后又收到七位学生的来信；在度过国家多难的时刻，师生一场，总算没有留白。

　　（以下为九封信）

王东明老师：

　　从雍村小学校友处得知您在台北而且身体健康，我的心情非常激动。立即通知了我的姐姐陶磊。她也是您的学生，在雍村读书时比我高两届。看了她写给您的信，很有感触。您只教了我们三年，而且时间已经过去了七十年，但您的为人为学至今不忘。有两件小事您可能已经不记得了。一件事是您教我们书法，您走到我的桌旁，仔细看了我写的大字后，对我说，你会写一笔好字，但是不要再临柳公权帖，你的字适合临赵孟頫帖。对于一个八岁的小孩，这不仅仅是一堂书法课，您的话增强了一个腼腆的小女孩的自信和勇气，影响了我的成长。另一件事是我从小体弱，有一次周一晨会背诵总理遗嘱时，我晕倒了。您和同学们抬我到您的宿舍，您倒了白糖水让我喝后躺在您的床上，嘱咐我好了以后再去上课；我觉得您就像我的妈妈。当我自己也做了老师，我常常想要像您一样爱自己的学生。

前几天，雍村校友张玉君寄来两份资料。得知您曾经来清华大学两次，我却都无缘相见，感到特别遗憾。我从清华大学电机系毕业后，就留校工作一直到退休。如果我当时知道您来，无论如何也要去看您。

在清华大学第一教室楼的南侧有海宁王静安先生纪念碑。虽然您的父亲一生坎坷，但在清华学子的心中，他永远是受尊敬的大师。

敬祝　安康

您的学生 阎森

2012 年 8 月 14 日

尊敬的东明老师：

您好！

半个世纪未曾谋面的老师，您不会记得您七十年前的学生（当时的小女孩）会给您写这封信。前几天从我的妹妹（陶森，也是您的学生）那里得到您的消息，一时间真是心生感慨，思绪万千。由衷感谢上天赐给您高寿和健康。您的音容笑貌在我童稚时的心灵和脑海留下深刻印记。如今我虽已八十岁，往事仍历历在目。

抗日战争时期在古城西安，中国银行创办的雍村小学，年轻的您教高年级国文。我有幸成为您的学生，最喜欢的课是每周作文讲评。有时您会在全班读某个学生写的作文中的一小段以资鼓励，小作者们满脸得意，心中欢喜。我有幸经历过这样的时光。您是引导我热爱文学，特别是中国古典文学的第一人，这种兴趣直至今日仍延绵无辍。

之后经历种种世事沧桑不提，一日偶然在报纸上读到一则简短讯息，得知台湾文化界举办纪念国学大师王国维先生的活动，文中提到您是王大师长女公子。当时我真是惊喜万分，可惜周围无人可与我分享这一喜讯，更无从与您联络实乃一大憾事。

《人间词话》是极重要的文学评论文集，对后辈文人学子影响深远。我反复阅读，获益匪浅。感谢前辈给后来者留下如此宝贵的精神财富。

一个世纪的风雨并未中断学生对老师的情恩，借此短信呈于尊前，我是何等幸运！

恭祝

健康长寿

学生 阎石磊

2012 年 8 月 4 日

敬爱的王老师，

您好！

我叫米宁。我是 1945 年初插班进雍村小学五年级的学生。半年后，升入六年级。就在您的班级里，您是级任老师，教我们语文。

我在雍村小学读书的时间不算太长，但雍村小学的教学环境，老师的敬业精神，同学的友爱关系，都给我幼小的心灵留下了深刻的印象。在以后的年代里，在校友聚会的时候，雍村小学都是我们谈论的话题。当然，谈论最多的就是王老师：王老师是国学大师王国维的女儿；王老师现在在那里？还在教书吗？等等。王老师，您对我们的教导可认真啦！有件事我记得很清楚。那一年班级举办展览会，主题是"摄影"，邀请家长都来看。会前，王老师要我写"鸿爪留痕"四个大字，贴在黑板上。王老师还给我讲了这四个字的含义，以及和摄影的关系。我写来写去写不好，尤其是那个"爪"字，写了许多遍，都不行。王老师总是耐心指导，还亲手写出样子给我看，此事令我至今难忘。写"鸿爪留痕"四个字不仅让我懂得了摄影，也增加了我对书法的学习和爱好，而且还引导我对古文产生了兴趣。后来，我真的找到了"鸿爪留痕"的出处。原来是宋代大诗人苏轼的一首诗，前半段是："人生到处知何似？应似飞鸿踏雪泥；泥上偶然留爪印，鸿飞那复计东西。"在王老师的辛勤培育下，毕业时，我取得了班级第一名。

我从哈尔滨工业大学毕业后，就一直在上海微型电机厂从事技术工作。1993 年退休，又受聘做了一段时间企业管理和认证的事。这几年彻底休息，在家陪老伴，还有两个孩子和孙女，过着小康生活。我身体还可以，走得动，有空也去旅游，或访友。前年曾去台湾，但不知您老的地址，错过机会。我现在想再组织一次去台湾游，如能成行，定要拜访王老师。

王老师，我住在上海，是我们这几个同学中离您最近的。您要办什么事，或想找哪个人，都可以直接联系我，很方便的。我的地址和联系方法都写在集体信里。

王老师，想说的话很多，但我怕影响您老的休息，就此停笔吧。

深深地祝愿王老师

健康长寿！健康长寿！

您的学生

2012 年 9 月 10 日

敬爱的王老师：

从米宁同学那里得知您现居住在台湾的消息，真是十分惊喜。西安雍村小学一别，已有六十六年了。米宁说您已九十九岁高龄，我更是高兴万分。回忆在"雍村"时，您的音容笑貌依稀呈现在眼前。您戴着眼镜，个子中等，总是非常朴素高雅的衣着，至今仍留在脑海里。我印象最深的是，您对我们这些小学生总是谆谆教导，循循善诱，对我们要求较高、较严格。可我们都喜欢您。

时光流逝，我已七十九周岁了，早已退休，过着悠闲的退休生活。身边有老伴，有一女，还有一个外孙。只可惜腿脚不济，否则定去台湾看望。在您九十九岁诞辰之际，衷心地祝愿您生活愉快，健康长寿。

您的学生 赵俶文

2012 年 8 月 25 日

王老师：

您好！

我是 1943 年入雍村小学，1946 年毕业的朱松文。在小学时，我喜欢唱歌。当时，您教我们语文，还当过我们的班主任。记得小学毕业时，我们班的同学想送您一个礼物以表示感谢之情。我和另一个同学跑去街上，买了一双银灰色的皮鞋送去给您。但是，我当时居然不知道鞋和脚都是有号码；它肯定不合您脚，至今成为我的笑话。

我们五个雍村小学的同学，今年五月份在北京相聚。回忆当年，十分怀念当时的学校和老师，当然，也谈起您。七月份从报纸上看到您的消息，得知您健康长寿，我们无比欣喜，因此，写信给您，送上我的祝福和问候。

我今年七十九岁了（山东人）。四十岁前在北京纺织研究院工作，四十岁以后，回到西安在大学里教书，现在已退休。

目前有联系的雍小同学约有十人，都工作和生活得不错，当然，也都是八十岁的老学生了。他们会给您写信问候的。

衷心祝您健康、快乐！

您的学生 朱松文

2012 年 8 月 5 日

敬爱的王老师：

您好！

我叫陈毅朝，是您六十六年前的小学生（当时年龄小，个子也小）。您也许已不记得还有这么一个学生，因为我是六年级下学期插班的，只念了一个学期，不会给您留下多深的印象。但是您给我留下的印象却非常深刻。离开西安以后，我随家来到苏州，在苏州中学读书。令尊国维先生 1904 年曾随罗振玉执教江苏师范学堂，就是苏州中学的前身。他的事迹，学校校史和校史馆均有记载和陈列。看到这些史料，我就有一种亲切感，他是我老师的父亲。

以后，我一直没有您的消息，直到有一年在大陆《参考消息》上看到一段消息说您在台湾，仍健在。心里非常高兴，但不知您的地址，无从问安，只有默默地祝福您健康长寿。前天，米宁突然给我打了个电话。他们也是六十六年没通音信，他从北京一位雍村校友处找到我的电话号码。告诉我通过他们的努力已经知道您的地址。想给您写信问安。真是我表达对您感恩的好机会。

　　我在今年 7 月 20 日《作家文摘》上看到何书彬的文章，讲到您年近百岁，仍思维敏捷，侃侃而谈。还有一张照片，遗憾的是太模糊，未能一睹老师今日的风采。

　　我离开学校以后，步老师的后尘，当了三十八年中学老师。1994 年退休。家有贤妻，一子一女，均已成家立业。生活美满幸福。

　　我近几年手不大听话，字已写不好，怕您看起来吃力，故改打字。还请原谅。

　　祝您健康长寿！

陈毅朝

2012 年 8 月 5 日

敬爱的王东明老师：

　　您好！

　　我叫王文焰，1934 年 10 月生于上海。1943 年冬因上海被日本占领，即随母亲、哥哥一起来到西安，与从德国留学回来的父亲团聚。经人介绍入读雍村小学，直到 1946 年毕业。

　　在雍村小学两年半的学习与生活中，您给我们的教育与呵护，使我终生难忘。记得您在课堂上，充分发挥学生的想象力与自由讨论形式，指导学生自己动手举办各种展览（邮票、摄影、书法、乐器等），以提高我们的动手能力与兴趣，扩大我们的知识面。在您的教育下，尊师、团结、友爱、勤奋等精神都体现在日常生活的各个方面，使我们受益匪浅。

　　我在雍村小学毕业后，考上坐落在北大街的圣路中学（圣公会协办）

直到高中毕业。正是在中小学受到良好的教育，使得在德、知、体、音、美各方面得到全面发展。从而给我的一生在学习、工作、生活中打下了良好基础。

　　1957年我从西北农学院农田水利专业毕业后，先后在西安交通大学、陕西工业大学、西安理工大学从事教学与科研工作，直至2004年退休。

　　回顾一生走过的历程，深感青少年时期良好基础教育的重要，真是受用终生。在此，学生特向敬爱的老师深表感谢。

　　祝您

　　身体健康、快乐长寿！

您的学生 

2012 年 8 月 18 日

王老师：

　　您好！

　　我叫杜智良，是您在雍村小学做级任老师时的学生。几十年来，每当雍小的同学聚在一起时回忆小学时的情景，都会想起您、念叨您，足见对您给予我们的教诲，感念至深，终生难忘。得到了您的消息，太高兴了。

　　祝您

　　健康安好！

学生 

2012 年 8 月 23 日

亲爱的王老师：

　　您好！

　　当《看历史》杂志上何书彬写的《王国维之谶》一文将您年轻时的照片展现在我面前时，记忆立刻翻回到六十七年前雍村小学语文课堂上您认真讲课的身影。得知九十九岁高龄的您身体仍然硬朗，非常高兴，希望我们这些年近八十岁、曾经是您的学生的来信，能为您的百岁高龄带来惊喜。

　　离开雍村时，我不满十三岁，现已七十九岁了，六十六年时间弹指而过。但我始终以曾是王国维女儿的学生而感到荣幸。还是在雍村时，我就从坐在我前一排的好友朱松文口中得知，她的一本词典中有您父亲的名字。随着年龄的增加，对大师的了解逐步加深，敬佩和自豪感油然而生，此情感也成了我们这些儿时童友的凝聚力量，使我们长期保持联系和友情。小学同班同学十人以上在异地保持七十多年联系的实不多见；我们与众不同之处在于，我们有幸曾经跟国学大师王国维的女儿王东明学习过。一有机会我们就互相约见，谈话的第一内容往往是关于王国维和您的话题。语文课给我留下印象最深的是那一课关于诺贝尔奖的由来，瑞典工程师诺贝尔研究硝化甘油炸药不屈不挠的钻研精神，使我长大后萌生了学习理工科技的志向。

　　近期读了《雍村小学五周年纪念特刊》，很受感动。一些漂泊到后方的青年，在抗日战争的窘困年月，把一个小小的只有六个班的小学，办得有声有色。特刊中具体记载了学校的学以致用、日新日崇的方针，还有校徽、校歌、校规二十条、每一个教师和职工，以及每一个毕业生的简况。您不仅是六年级级任，还兼着总务主任。雍村给了我许多第一次：第一次从图书馆借了一本《安徒生童话》（此前在乡下读一至三年级时，根本没有图书馆）；第一次由校医给我们每一个学生检查沙眼；第一次听着钢琴伴奏学唱《满江红》《义勇军进行曲》等抗日歌曲……这一切都浸透着老师们的心血。回忆老师们的奉献精神，令我动容。

　　四年级第一学期开成绩展览会前，班主任许小琼老师交给我一个任务：

练习用毛笔写四个斗大字"自强不息"，练后写在彩纸上，贴在了黑板两侧。字体当然十分稚嫩，但"自强不息"四个字从此融入了我的性格。雍村教学的鼓励机制极大地激励了我对自己能力的自信心。每学期两次期中、一次期末考试，算术、作文比赛等等，我多次得第一，特别是五年级时还幸获全校模范生的荣誉，从此我在任何环境从不敢懈怠。

我在雍村的三年（1943年至1946年，四至六年级），受到良好的启蒙和基础教育。无论知识还是品德方面，雍村给予我的，都使我终身受益。例如，抗战胜利后，全家须从漂泊的西安迁回北京，当年西安到北京没有直通火车，得先坐火车到华县，换马车到风陵渡、木船过黄河，再乘马车到临汾、窄轨火车到石家庄后，才能换上正常轨道的火车，西安到北京全程需时十多天；加之老中医曾祖父已近八十岁高龄，故家人决定趁五月天气还不太热就启程，不能等我小学毕业，我则在中途下车，插班于河北省获鹿县中心小学。不几天毕业考试，在一百多人的合并大班中，我又赢得第一名，随后又考取北京最好的女中——北京师大女附中，这都是凭借雍村给我的知识基础。

我感激雍村小学我的恩师们，特别是四年级班主任许小琼老师、五年级班主任任华婉老师和六年级班主任王东明老师。你们用细弱的自然烛光，照亮了我的心灵，在我的心中播下了火种，使我日后成长为一个充满自信、自强不息、耕耘一生的科技工作者。1949年从师大女附中考入哈工大预科，1952年被选送留苏学习地球物理，1957年以优异成绩毕业回国后，一直从事物探、化探和遥感的找矿新方法研究。目前我仍返聘在中国地质科学院从事遥感找矿信息提取科研工作。我毕生以你们勤勤恳恳工作的身影作为榜样。

祝您健康长寿！！

您的学生 張玉君

2012年8月19日

参考书目

［1］王国维. 海宁王静安先生遗书. 台北：台湾商务印书馆，1979.

［2］赵万里. 民国王静安先生国维年谱. 台北：台湾商务印书馆，1978.

［3］陈平原，王枫. 追忆王国维. 北京：中国广播电视出版社，1997.

［4］叶嘉莹. 王国维及其文学批评. 新竹："清华大学"出版社，2011.

［5］谢维扬，房鑫亮. 王国维全集. 杭州：浙江教育出版社，2010.